Couvrir la couverture

25/11

LE ROMAN DE TRISTAN ET ISEUT

LE ROMAN DE TRISTAN ET ISEUT

J. BÉDIER

LE ROMAN DE TRISTAN ET ISEUT

Reconstitué
d'après les Poëmes français du XIIme Siècle
et illustré par

ROBERT ENGELS

L'ÉDITION D'ART
H. PIAZZA & Cie, 4, rue Jacob, PARIS
1900

PREMIÈRE
PARTIE

LES ENFANCES DE TRISTAN

SEIGNEURS, vous plaît-il d'entendre un beau conte d'amour et de mort? C'est de Tristan et d'Iseut la reine. Écoutez comment à grand'joie, à grand deuil, ils s'aimèrent, puis en moururent un même jour, lui par elle, elle par lui.

Aux temps anciens, le roi Marc régnait en Cornouaille. Ayant appris que ses ennemis le guerroyaient, Rivalen, roi de Loonnois, franchit la mer pour lui porter son aide. Il le servit par l'épée et par le conseil, si fidèlement que Marc lui donna en récompense la belle Blanchefleur, sa sœur, que le roi Rivalen aimait d'un merveilleux amour.

Il la prit à femme au moûtier de Tintagel. Mais, à peine l'eut-il épousée, la nouvelle lui vint que son ancien ennemi, le duc Morgan, s'étant abattu sur le Loonnois, ruinait ses bourgs, ses champs. Rivalen équipa ses nefs hâtivement, et emporta Blanchefleur, qui se trouvait grosse, vers sa terre lointaine. Il atterrit devant son château de Kanoël, confia la reine à la sauvegarde de son maréchal Rohalt; puis, Rivalen partit pour soutenir sa guerre.

Blanchefleur l'attendit longuement. Hélas! il ne devait pas revenir. Un jour, elle apprit que le duc Morgan l'avait tué en trahison. Elle ne le pleura point : ni cris, ni lamentations; mais ses membres devinrent faibles et vains; son âme voulut, d'un fort désir, s'arracher

de son corps. Rohalt s'efforçait de la consoler ; mais elle ne voulait pas l'écouter. Trois jours elle attendit de rejoindre son cher seigneur. Au quatrième jour, elle mit au monde un fils, et, l'ayant pris entre ses bras :

« Fils, lui dit-elle, j'ai longtemps désiré de te voir ; et je vois la plus belle créature que femme ait jamais portée. Triste je vins ici, triste j'accouche, triste est la première fête que je te fais. Et comme ainsi tu es venu sur terre par tristesse, tu auras nom Tristan. »

Quand elle eut prononcé ces paroles, elle le baisa, et, sitôt qu'elle l'eut baisé, elle mourut.

Rohalt le Foi-Tenant recueillit l'orphelin. Déjà les hommes du duc Morgan enveloppaient le château de Kanoël : comment Rohalt aurait-il pu soutenir longtemps la guerre? On dit justement : « Démesure n'est pas prouesse » ; il dut se rendre à la merci du duc Morgan. Mais, de crainte que Morgan n'égorgeât le fils de Rivalen, le maréchal le fit passer pour son propre enfant et l'éleva parmi ses fils.

Après sept ans accomplis, lorsque le temps fut venu de le reprendre aux femmes, Rohalt confia Tristan à un sage maître, le bon écuyer Gorvenal. Gorvenal lui enseigna en peu d'années les arts qui conviennent aux barons. Il lui

apprit à manier la lance, l'épée, l'écu et l'arc, à lancer les disques de pierre, à franchir d'un bond les plus larges fossés; il lui apprit à détester tout mensonge et toute félonie, à secourir les faibles, à tenir la foi donnée; il lui apprit les diverses manières de chant, le jeu de la harpe et l'art du veneur; et, quand l'enfant chevauchait parmi les jeunes écuyers, on eût dit que son cheval, ses armes et lui ne formaient qu'un seul corps. A le voir si noble et si fier, large des épaules, fort, fidèle et preux, tous louaient Rohalt, parce qu'il avait un tel fils. Mais Rohalt, songeant à Rivalen et à Blanchefleur, de qui revivaient la jeunesse et la grâce, chérissait Tristan comme son fils, et secrètement le révérait comme son seigneur.

Or, il advint que toute sa joie lui fut ravie, au jour où des marchands de Norvège, ayant attiré Tristan sur leur nef, l'emportèrent comme une belle proie. Tandis qu'ils cinglaient vers des terres inconnues, Tristan se débattait, ainsi qu'un jeune loup pris au piège. Mais c'est vérité prouvée et tous les mariniers le savent : la mer porte à regret les nefs félonnes, et n'aide pas aux rapts ni aux traîtrises. Elle se souleva furieuse, enveloppa la nef de ténèbres, et la chassa huit jours et huit nuits à l'aventure. Enfin les mariniers aperçurent à travers la brume une côte hérissée de falaises et de récifs, où elle voulait briser leur carène. Ils se repentirent : connaissant que le courroux de la mer venait de cet enfant ravi à la male heure, ils firent vœu de le délivrer et parèrent une barque pour le déposer au rivage. Aussitôt tombèrent les vents et les vagues, le ciel brilla, et, tandis que la nef des Norvégiens disparaissait au loin, les flots calmés et riants portèrent la barque de Tristan sur le sable d'une grève.

A grand effort, il monta sur la falaise et vit qu'au delà d'une lande vallonnée et déserte, une forêt s'étendait sans fin. Il se lamentait, regrettant Gorvenal, Rohalt son père, et la terre de Loonnois, quand le bruit lointain d'une chasse à cor et à cri réjouit son cœur. Au bord de la forêt, un beau cerf débusqua. La meute et les veneurs dévalaient sur sa trace à grand bruit de voix et de trompes. Mais, comme les limiers se suspendaient déjà par grappes au cuir de son garrot, la bête, à quelques pas de Tristan, fléchit sur les jarrets et rendit les abois. Un veneur le servit de l'épieu. Tandis que, rangés en cercle, les chasseurs cornaient de prise, Tristan, étonné, vit le maître veneur entailler largement, comme pour la trancher, la gorge du cerf. Il s'écria :

« Que faites-vous, seigneur? Sied-il de découper si noble bête comme un porc égorgé? Est-ce donc la coutume de ce pays?

— Beau frère, répondit le veneur, que fais-je là qui puisse te surprendre? Oui, je détache d'abord la tête de ce cerf, puis je trancherai son corps en quatre quartiers que nous porterons, pendus aux arçons de nos selles, au roi Marc, notre seigneur. Ainsi faisons-nous : ainsi, dès le temps des plus anciens veneurs, ont toujours fait les hommes de

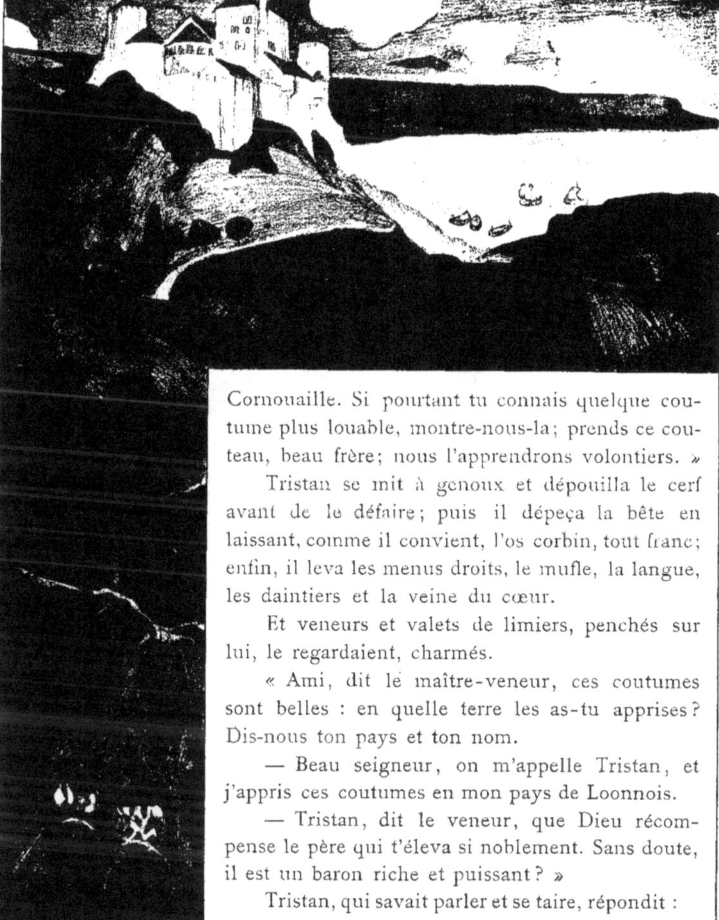

Cornouaille. Si pourtant tu connais quelque coutume plus louable, montre-nous-la; prends ce couteau, beau frère; nous l'apprendrons volontiers. »

Tristan se mit à genoux et dépouilla le cerf avant de le défaire; puis il dépeça la bête en laissant, comme il convient, l'os corbin, tout franc; enfin, il leva les menus droits, le mufle, la langue, les daintiers et la veine du cœur.

Et veneurs et valets de limiers, penchés sur lui, le regardaient, charmés.

« Ami, dit le maître-veneur, ces coutumes sont belles : en quelle terre les as-tu apprises? Dis-nous ton pays et ton nom.

— Beau seigneur, on m'appelle Tristan, et j'appris ces coutumes en mon pays de Loonnois.

— Tristan, dit le veneur, que Dieu récompense le père qui t'éleva si noblement. Sans doute, il est un baron riche et puissant? »

Tristan, qui savait parler et se taire, répondit :

« Non, seigneur, mon père est un marchand. J'ai quitté secrètement sa maison, sur une nef qui partait pour trafiquer au loin, car je voulais apprendre comment se comportent les hommes des terres étrangères. Mais, si vous m'acceptez parmi vos veneurs, je vous suivrai volontiers, et vous ferai connaître, beau seigneur, d'autres déduits de vénerie.

— Beau Tristan, je m'étonne qu'il soit une terre où les fils des marchands savent ce qu'ignorent ailleurs les fils des chevaliers. Mais viens avec nous, puisque tu le désires, et sois le bienvenu. Nous te conduirons près du roi Marc, notre seigneur. »

Tristan achevait de défaire le cerf. Il donna aux chiens le cœur, le massacre et les entrailles, et enseigna aux chasseurs comment se doivent faire la curée et le forhu. Puis il planta sur des fourches les morceaux bien divisés et les confia aux différents veneurs : à l'un la tête, à l'autre le cimier et les grands filets, à ceux-ci les épaules, à ceux-là les cuissots, à cet autre le gros des nombles. Il leur apprit comment ils devaient se ranger deux par deux pour chevaucher en belle ordonnance, selon la noblesse des pièces de venaison dressées sur les fourches.

Alors ils se mirent à la voie en devisant, tant qu'ils découvrirent enfin un riche château. Des prairies l'environnaient, des vergers, des eaux vives, des pêcheries et des terres de labour. Des nefs nombreuses entraient au port. Le château se dressait sur la mer, bien muni contre tout assaut et tous engins de guerre; et sa maîtresse-tour, jadis élevée par les géants, était bâtie de blocs de pierre, disposés comme un échiquier de sinople et d'azur.

Tristan demanda le nom de ce château.

« Beau valet, on le nomme Tintagel.

— Tintagel, s'écria Tristan, béni sois-tu de Dieu, et bénis soient tes hôtes ! »

Seigneurs, c'est là que jadis, son père Rivalen avait épousé Blanchefleur. Mais Tristan l'ignorait.

Quand ils parvinrent au pied du donjon, les fanfares des veneurs attirèrent aux portes les barons et le roi Marc lui-même. Après que le maître veneur lui eut conté l'aventure, Marc admira le bel arroi de cette chevauchée, le cerf bien dépecé, et le grand sens des coutumes de vénerie. Mais surtout il admirait le bel enfant étranger, et ses yeux ne pouvaient se détacher de lui. D'où lui venait cette première tendresse? Le roi interrogeait son cœur et ne pouvait le comprendre. Seigneurs, c'était son sang qui s'émouvait et parlait en lui, et l'amour qu'il avait jadis porté à sa sœur Blanchefleur.

Le soir, quand les tables furent levées, un jongleur gallois, maître en son art, s'avança parmi les barons assemblés, et chanta des lais de harpe. Tristan était assis aux pieds du roi, et, comme le harpeur préludait à une nouvelle mélodie, Tristan lui parla ainsi :

« Maître, ce lai est beau entre tous : jadis les anciens Bretons l'ont fait pour célébrer les amours de Graelent. L'air en est doux, et douces les paroles. Maître, ta voix est habile, harpe-le bien. »

Le Gallois chanta, puis répondit :

« Enfant, que sais-tu donc de l'art des instruments ? Si les marchands de la terre de Loonnois enseignent aussi à leurs fils le jeu des harpes, des rotes et des vielles, lève-toi, prends cette harpe, et montre ton adresse. »

Tristan prit la harpe, et chanta si bellement que les barons s'attendrissaient à l'entendre. Et Marc admirait le harpeur venu de ce pays de Loonnois où jadis Rivalen avait emporté Blanchefleur.

Quand le lai fut achevé, le roi se tut longuement.

« Fils, dit-il enfin, béni soit le maître qui t'enseigna, et béni sois-tu de Dieu ! Dieu aime les bons chanteurs. Leur voix et la voix de la harpe pénètrent le cœur des hommes, réveillent leurs souvenirs chers et leur font oublier maint deuil et maint méfait. Tu es venu pour notre joie en cette demeure. Reste longtemps près de moi, ami !

— Volontiers je vous servirai, sire, répondit Tristan, comme votre harpeur, votre veneur et votre homme lige. »

Il fit ainsi, et, durant trois années, une mutuelle tendresse grandit dans leurs cœurs. Le jour, Tristan suivait Marc aux plaids ou en chasse, et, la nuit, comme il couchait dans la chambre royale parmi les privés et les fidèles, si le roi était triste, il harpait pour apaiser son déconfort. Les barons le chérissaient, et, sur tous les autres, comme l'histoire vous l'apprendra, le sénéchal Dinas de Lidan. Mais plus tendrement que les barons et que Dinas de Lidan, le roi l'aimait. Pourtant Tristan ne se consolait pas d'avoir perdu Rohalt son père, et son maître Gorvenal, et la terre de Loonnois.

Seigneurs, il sied au conteur qui veut plaire d'éviter les trop longs récits. La matière de ce conte est si belle et si diverse : que servirait de l'allonger ? Je dirai donc brièvement comment, après avoir longtemps erré par mers et pays, Rohalt aborda en Cornouaille, retrouva Tristan, et, montrant au roi l'escarboucle donnée par lui à Blanchefleur, lui dit :

« Roi Marc, voici Tristan de Loonnois votre neveu, fils de votre sœur Blanchefleur et du roi Rivalen. Le duc Morgan tient sa terre à grand tort; il est temps qu'elle fasse retour au droit héritier. »

Et je dirai brièvement comment Tristan, ayant reçu de son oncle les armes de chevalier, franchit la mer, se fit reconnaître des anciens vassaux de son père, occit le meurtrier de Rivalen, et recouvra sa terre.

Puis songeant que le roi Marc ne pouvait plus vivre heureusement sans lui, il manda ses comtes et ses barons, et leur parla ainsi :

« Seigneurs de Loonnois, j'ai reconquis ce pays et j'ai vengé le roi Rivalen par l'aide de Dieu et par votre aide. Ainsi j'ai rendu à mon père son droit. Mais deux hommes, Rohalt et le roi Marc de Cornouaille, ont soutenu l'orphelin et l'enfant errant, et je dois aussi les appeler pères; à ceux-là, pareillement, ne dois-je pas rendre leur droit? Or, un haut homme a deux choses à lui : sa terre et son corps. Donc, à Rohalt que voici, j'abandonnerai ma terre : père, vous la tiendrez, et votre fils la tiendra après vous. Au roi Marc, j'abandonnerai mon corps : je quitterai ce pays, bien qu'il me soit cher, et j'irai servir mon seigneur Marc en Cornouaille. Telle est ma pensée; mais vous êtes mes féaux, seigneurs de Loonnois, et me devez le conseil; si donc l'un de vous veut m'enseigner une autre résolution, qu'il se lève, et qu'il parle! »

Mais tous les barons le louèrent avec des larmes, et Tristan, emmenant avec lui le seul Gorvenal, appareilla pour la terre du roi Marc.

LE MORHOLT D'IRLANDE

UAND Tristan y rentra, Marc et toute sa baronnie démenaient grand deuil. Car le roi d'Irlande avait équipé une flotte pour ravager la Cornouaille, si Marc refusait encore, ainsi qu'il faisait depuis quinze années, d'acquitter un tribut jadis payé par ses ancêtres. Or, cette année, le roi avait envoyé vers Tintagel, pour porter son message, un chevalier géant, le Morholt, dont il avait épousé la sœur, et que nul homme jusque-là n'avait jamais pu vaincre en bataille. Mais le roi Marc, par lettres scellées, avait convoqué à sa cour tous les barons de sa terre, pour prendre leur conseil.

Au terme marqué, quand les barons furent assemblés dans la salle voûtée du palais et que Marc se fut assis sous le dais, le Morholt parla ainsi :

« Roi Marc, entends pour la dernière fois le mandement du roi d'Irlande, mon seigneur. Il te semont de payer enfin le tribut que tu lui dois. Pour ce que tu l'as trop longtemps refusé, il te requiert de me livrer en ce jour trois cents jeunes garçons et trois cents jeunes filles, tirés au sort entre les familles de Cornouaille. Pourtant si

quelqu'un veut prouver par bataille que le roi d'Irlande lève ce tribut contre le droit, j'accepterai son gage. Lequel d'entre vous, seigneurs cornouaillais, veut combattre pour la franchise de ce pays ? »

Les barons se regardaient à la dérobée, puis baissaient la tête ; et tous se taisaient.

Alors Tristan s'agenouilla aux pieds du roi Marc, et dit :

« Seigneur roi, s'il vous plaît, je ferai la bataille. »

En vain le roi Marc voulut l'en détourner. Il était si jeune chevalier : de quoi lui servirait sa hardiesse ? Mais Tristan donna son gage au Morholt, et le Morholt le reçut.

Au jour dit, Tristan se fit armer pour la haute aventure, revêtit le haubert et le heaume d'acier bruni, monta dans une barque et cingla vers l'île de Saint-Samson où les deux chevaliers devaient combattre seul à seul. Mais le Morholt avait tendu à son mât une voile de riche pourpre, et le premier il aborda dans l'île. Il attachait sa barque au rivage, quand Tristan, touchant terre à son tour, repoussa du pied la sienne vers la mer.

« L'un de nous deux reviendra seul vivant d'ici, dit Tristan ; une seule barque lui suffit. »

Et tous deux, s'excitant au combat, s'enfoncèrent dans l'île.

Nul ne vit l'âpre bataille. Mais, par trois fois, il sembla que la brise de mer portait au rivage un cri furieux. Enfin, vers l'heure de none, on vit au loin se tendre la voile de pourpre ; la barque de l'Irlandais se détacha de l'île, et une clameur de détresse retentit : « Le Morholt ! le Morholt ! » Soudain, comme la barque grandissait, au

sommet d'une vague, elle montra un chevalier qui se dressait à la proue; son poing tendait une épée brandie; c'était Tristan. Le preux s'élança sur la grève, et, tandis que les mères à genoux baisaient ses chausses de fer, il cria aux compagnons du Morholt :

« Seigneurs d'Irlande, le Morholt a bien combattu. Voyez, mon épée est ébréchée, un fragment est resté enfoncé dans son crâne. Emportez ce morceau d'acier, seigneurs : c'est le tribut de la Cornouaille ! »

Alors il monta vers Tintagel. Sur son passage, les enfants délivrés agitaient à grands cris des branches vertes, et de riches courtines se tendaient aux fenêtres. Mais, quand parmi les chants d'allégresse, au bruit des cloches, Tristan parvint au château, il s'affaissa entre les bras du roi Marc; et le sang ruisselait de ses blessures.

A grand déconfort, les compagnons du Morholt abordèrent en Irlande. Naguère, quand il rentrait au port de Weisefort, le Morholt se réjouissait à revoir ses hommes assemblés, et la reine sa sœur, et sa nièce, Iseut la Blonde. Tendrement, elles lui faisaient accueil, et, s'il avait reçu quelque blessure, elles le guérissaient ; car elles savaient les baumes et les breuvages. Mais de quoi leur serviraient maintenant les recettes magiques ? Il gisait mort, et le fragment de l'épée ennemie était encore enfoncé dans son crâne. Iseut l'en retira pour l'enfermer dans un coffret.

De ce jour Iseut la Blonde apprit à haïr le nom de Tristan de Loonnois.

Mais, à Tintagel, Tristan languissait : un sang venimeux découlait de ses blessures. Les médecins connurent que le Morholt avait enfoncé dans sa chair un épieu empoisonné, et comme leurs boissons et leur thériaque ne pouvaient le sauver, ils le remirent à la garde de Dieu. Une puanteur si odieuse s'exhalait de ses plaies que tous ses plus chers amis le fuyaient, tous, sauf le roi Marc, Gorvenal et Dinas de Lidan. Seuls, ils pouvaient demeurer à son chevet, et leur amour surmontait leur horreur. Enfin, Tristan se fit porter dans une cabane construite à l'écart sur le rivage; et, couché devant les flots, il attendait la mort. Il songeait : « Il me faut mourir. Il est doux, pourtant, de voir le soleil, et mon cœur est hardi encore. Je veux tenter la mer aventureuse... Je veux qu'elle m'emporte au loin, seul. Vers quelle terre? je ne sais, mais là peut-être où je trouverai qui me guérisse.

Il supplia tant, que le roi Marc consentit à son désir. Il le porta sur une barque sans rames ni voile, et Tristan voulut qu'on déposât seulement sa harpe près de lui. A quoi bon les voiles que ses bras n'auraient pu dresser? A quoi bon les rames? A quoi bon l'épée? Comme un marinier, au cours d'une longue traversée, lance par-dessus bord le cadavre d'un ancien compagnon, ainsi de ses bras tremblants, Gorvenal poussa au large la barque où gisait son cher fils, et la mer l'emporta.

Sept jours et sept nuits, elle l'entraîna doucement. Parfois, Tristan harpait pour charmer sa détresse. Enfin, la mer, à son insu, l'approcha d'un rivage. Or, cette nuit-là, des pêcheurs avaient quitté le port pour jeter leurs filets au large, et ramaient, quand ils entendirent une mélodie douce, hardie et vive, qui courait au ras des flots. Immobiles, leurs avirons suspendus sur les vagues, ils écoutaient; dans la première

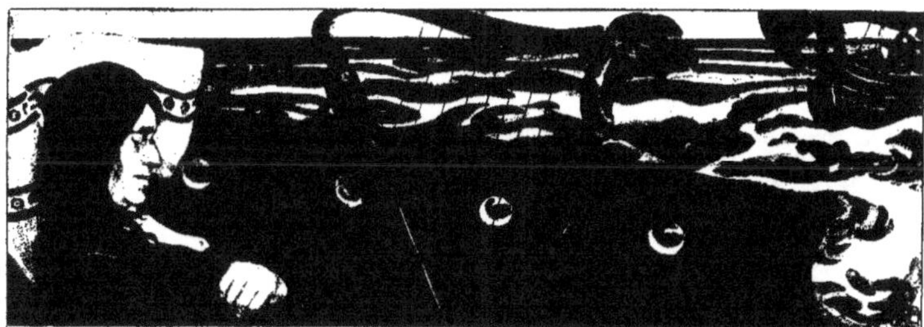

blancheur de l'aube, ils aperçurent la barque errante. Elle allait à la dérive, et rien n'y semblait vivre, que la voix de la harpe ; mais, à mesure qu'ils approchaient, la mélodie s'affaiblit, elle se tut, et, quand ils accostèrent, les mains de Tristan étaient retombées inertes sur les cordes frémissantes encore. Ils le recueillirent et retournèrent vers le port pour remettre le blessé à leur dame compatissante, qui saurait peut-être le guérir.

Hélas! ce port était Weisefort, où gisait le Morholt, et leur dame était Iseut la Blonde. Elle seule, habile aux philtres, pouvait sauver Tristan ; mais, seule parmi les femmes, elle voulait sa mort. Quand Tristan, ranimé par son art, se reconnut, il comprit que les flots l'avaient jeté sur une terre de péril. Mais, hardi à défendre encore sa vie, il sut trouver rapidement de belles paroles rusées. Il conta qu'il était un jongleur, qui avait pris passage sur une nef marchande ; il naviguait vers l'Espagne pour y apprendre l'art de lire dans les étoiles ; des pirates avaient assailli la nef ; blessé, il s'était enfui sur cette barque. On le crut : nul des compagnons du Morholt ne reconnut le beau chevalier de l'île Saint-Samson, si laidement le venin avait déformé ses traits. Mais quand, après quarante jours, Iseut aux Cheveux d'or l'eut presque guéri, comme déjà, en ses membres assouplis, commençait à renaître la grâce de la jeunesse, il comprit qu'il fallait fuir ; il s'échappa, et, après maints dangers courus, un jour il reparut devant le roi Marc.

LA QUÊTE

DE LA BELLE AUX CHEVEUX D'OR

SEIGNEURS, il y avait à la cour du roi Marc quatre barons, les plus félons des hommes, qui haïssaient Tristan de male haine pour sa prouesse et pour le tendre amour que le roi lui portait. Et je sais bien vous redire leurs noms : Andret, Guenelon, Gondoïne et Denoalen. Connaissant que le roi méditait de vieillir sans enfants pour léguer sa terre à Tristan, leur envie s'irrita, et, par mensonges, ils animaient contre Tristan les hauts hommes de Cornouaille :

« Que de merveilles en sa vie ! disaient les félons. Qu'il ait triomphé du Morholt, voilà déjà un beau prodige ; mais par quels enchantements a-t-il pu, presque mort, voguer seul sur la mer ? Lequel de nous, seigneurs, dirigerait une nef sans mât ni voile? Les magiciens le peuvent, dit-on. Oui, sa barque était fée, et sa harpe est enchantée qui chaque jour verse des poisons au cœur du roi Marc ! Comme il a su dompter ce cœur par puissance et charme de sorcellerie ! Il sera roi, seigneurs, et vous tiendrez vos terres d'un magicien ! »

Ils persuadèrent la plupart des barons. C'est pourquoi ceux-ci pressèrent le roi Marc de prendre à femme une fille de roi, qui lui donnerait des hoirs : s'il refusait, ils se retireraient dans leurs forts châteaux pour le guerroyer. Le roi résistait et jurait en son cœur qu'aussi longtemps que vivrait son cher neveu, nulle fille de roi n'entrerait en sa couche. Mais, à son tour, Tristan, qui supportait à grand'honte le soupçon d'aimer son oncle à bon profit, le menaça : que le roi se rendît à la volonté de sa baronnie; sinon, il s'en irait servir le riche roi de Ganoie. Alors Marc fixa un terme à ses barons : à quarante jours de là, il dirait sa pensée.

Au jour marqué, seul dans sa chambre, il attendait leur venue et songeait tristement : « Où donc trouver fille de roi si lointaine et inaccessible que je puisse feindre, mais feindre seulement, de la vouloir pour femme ? »

A cet instant, par la fenêtre ouverte sur la mer, deux hirondelles qui bâtissaient leur nid entrèrent en se querellant, puis brusquement

effarouchées, disparurent. Mais de leurs becs s'était échappé un long cheveu de femme, plus fin que fil de soie, qui brillait comme un rayon de soleil.

Marc, l'ayant pris, fit entrer les barons, et Tristan et leur dit :

« Pour vous complaire, seigneurs, je prendrai femme, si toutefois vous voulez quérir celle que j'ai choisie.

— Certes, nous le voulons, beau seigneur ; qui donc est celle-là ?

— Celle à qui fut ce cheveu d'or, et je n'en veux point d'autre.

— Et de quelle part, beau seigneur, vous vient ce cheveu d'or ? qui vous l'a porté ? et de quel pays ?

— Il me vient, seigneurs, de la Belle aux Cheveux d'or ; deux hirondelles me l'ont porté ; elles savent de quel pays. »

Les barons comprirent qu'ils étaient raillés et déçus ; ils regardaient Tristan avec dépit : car ils le soupçonnaient d'avoir conseillé cette ruse. Mais Tristan, ayant considéré le cheveu d'or, se souvint d'Iseut la Blonde. Il sourit et parla ainsi :

« Roi Marc, ne voyez-vous pas que les soupçons de ces seigneurs me honnissent ? Mais vainement vous avez préparé cette dérision : j'irai quérir la Belle aux Cheveux d'or. Sachez que la quête est périlleuse ; cependant, de nouveau je veux mettre pour vous, bel oncle, mon corps et ma vie à l'aventure. Afin que vos barons connaissent si je vous aime d'amour loyal, j'engage ma foi par ce serment : ou je mourrai dans l'entreprise, ou je ramènerai en ce château de Tintagel la Reine aux Blonds Cheveux. »

Il équipa une belle nef, qu'il garnit de froment, de vin, de miel et de toutes bonnes denrées. Il y fit monter, outre Gorvenal, cent jeunes chevaliers de haut parage, choisis parmi les plus hardis, et les affubla de cottes de bure et de chapes de camelin grossier, en sorte qu'ils ressemblaient à des marchands; mais, sous le pont de la nef, ils cachaient les riches habits de drap d'or, de cendal et d'écarlate, qui conviennent aux messagers d'un roi puissant.

Quand la nef eut pris le large, le pilote demanda :

« Beau seigneur, vers quelle terre naviguer ?

— Ami, cingle vers l'Irlande, droit au port de Weisefort. »

D'abord Tristan sut persuader aux hommes de Weisefort que ses compagnons étaient des marchands d'Angleterre venus pour trafiquer en paix. Mais, comme ces marchands d'étrange sorte consumaient le jour aux nobles jeux des tables et des échecs, et paraissaient mieux s'entendre à manier les dés qu'à mesurer le froment, Tristan redoutait d'être découvert, et ne savait comment entreprendre sa quête.

Or, un matin, au point du jour, il ouït une voix si épouvantable qu'on eût dit le cri d'un démon. Jamais il n'avait entendu bête glatir en telle guise, si horrible et si merveilleuse. Il appelle une femme qui passait sur le port :

« Dites-moi, fait-il, dame belle, d'où vient cette voix que j'ai ouïe ? ne me le cachez pas.

— Certes, sire, je vous le dirai sans mensonge. Elle vient d'une bête fière et la plus hideuse qui soit au monde. Chaque jour, elle descend de sa caverne et s'arrête à l'une des portes de la ville. Nul n'en peut sortir, nul n'y peut entrer, qu'on n'ait livré au dragon une jeune fille; et, dès qu'il la tient entre ses griffes, il la dévore.

— Dame, dit Tristan, ne vous raillez pas de moi ; mais dites-moi s'il serait possible à un homme né de mère de l'occire en bataille.

— Certes, beau doux sire, je ne sais ; ce qui est assuré, c'est que vingt chevaliers éprouvés ont déjà tenté l'aventure ; car le roi d'Irlande a proclamé qu'il donnerait sa fille Iseut la Blonde à qui tuerait le monstre ; mais le monstre les a tous dévorés. »

Tristan quitte la femme et retourne vers sa nef. Il s'arme en secret. Certes il eût fait beau voir sortir de la nef de ces marchands si riche destrier et si fier chevalier. Mais le port était désert ; l'aube venait à peine de crever, et nul ne vit le preux chevaucher jusqu'à la porte que la femme lui avait montrée. Soudain, sur la route, cinq hommes dévalèrent, éperonnant leurs chevaux, les freins abandonnés, et fuyant vers la ville. Tristan saisit au passage l'un d'entre eux par ses cheveux tressés, le renversa sur la croupe de son cheval, et le maintint arrêté :

« Dieu vous sauve ! beau sire ; par quelle route vient le dragon ? »

Et, quand le fuyard lui eut montré la route, il le relâcha.

Le monstre approchait. Il avait la tête d'un ours, les yeux rouges comme des charbons embrasés, deux cornes au front, les oreilles velues, des griffes de lion, une queue de serpent, le corps d'un griffon.

Tristan lança contre lui son destrier d'une telle force que, tout hérissé de peur, il bondit pourtant contre le monstre. La lance de Tristan heurta les écailles et vola en éclats. Aussitôt le preux tire son épée, et l'assène sur la tête du dragon, mais sans même entamer le cuir. Le monstre a senti l'atteinte pourtant, lance ses griffes contre l'écu, et en fait voler les attaches. La poitrine découverte, Tristan le requiert

encore de l'épée, et le frappe sur les flancs d'un coup si violent que l'air en retentit. Vainement : il ne peut le blesser. Alors, le dragon vomit par les naseaux un double jet de flammes venimeuses : le haubert de Tristan noircit comme un charbon éteint, son cheval s'abat et meurt. Mais, aussitôt relevé, Tristan enfonce sa bonne épée dans la gueule du monstre : elle y pénètre toute et lui fend le cœur en deux parts.

Tristan lui coupa la langue et la mit dans sa chausse. Mais le venin s'échauffa contre son corps, et dans les hautes herbes qui bordaient le marécage, le héros tomba inanimé.

Or, le fuyard était le sénéchal du roi d'Irlande, et il désirait Iseut la Blonde. Il était couard ; mais, ce jour-là, suivi de ses compagnons, ayant osé rebrousser chemin, il trouva le dragon abattu. Il trancha la tête du monstre, la porta au roi et réclama le beau salaire promis.

Le roi ne crut guère à sa prouesse; mais, voulant lui faire droit, il fit semondre ses vassaux de venir à sa cour : là, devant le barnage assemblé, le sénéchal fournirait la preuve de sa victoire.

Quand Iseut la Blonde apprit qu'elle serait livrée à ce couard, elle fit d'abord une longue risée, puis se lamenta. Mais, le lendemain, soupçonnant l'imposture, elle prit avec elle son valet, le blond, le fidèle Périnis, et Brangien sa jeune servante et sa compagne ; et tous trois chevauchèrent en secret vers le repaire du monstre, tant qu'Iseut remarqua sur la route des empreintes de forme singulière : sans doute, le cheval qui avait passé là n'avait pas été ferré en ce pays. Puis, elle trouva le monstre sans tête et le cheval mort : il n'était pas harnaché selon la coutume d'Irlande. Certes, un étranger avait tué le dragon ; mais vivait-il encore?

Iseut, Perinis et Brangien le cherchèrent longtemps ; enfin, parmi les herbes du marécage, Brangien vit briller le heaume du

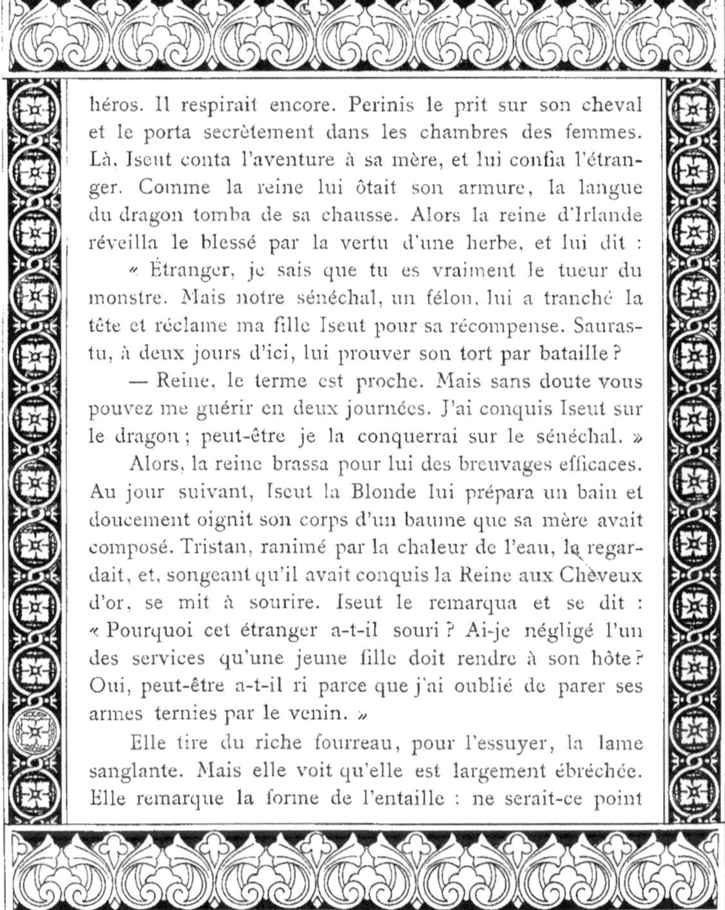

héros. Il respirait encore. Perinis le prit sur son cheval et le porta secrètement dans les chambres des femmes. Là, Iseut conta l'aventure à sa mère, et lui confia l'étranger. Comme la reine lui ôtait son armure, la langue du dragon tomba de sa chausse. Alors la reine d'Irlande réveilla le blessé par la vertu d'une herbe, et lui dit :

« Étranger, je sais que tu es vraiment le tueur du monstre. Mais notre sénéchal, un félon, lui a tranché la tête et réclame ma fille Iseut pour sa récompense. Sauras-tu, à deux jours d'ici, lui prouver son tort par bataille ?

— Reine, le terme est proche. Mais sans doute vous pouvez me guérir en deux journées. J'ai conquis Iseut sur le dragon ; peut-être je la conquerrai sur le sénéchal. »

Alors, la reine brassa pour lui des breuvages efficaces. Au jour suivant, Iseut la Blonde lui prépara un bain et doucement oignit son corps d'un baume que sa mère avait composé. Tristan, ranimé par la chaleur de l'eau, la regardait, et, songeant qu'il avait conquis la Reine aux Cheveux d'or, se mit à sourire. Iseut le remarqua et se dit : « Pourquoi cet étranger a-t-il souri ? Ai-je négligé l'un des services qu'une jeune fille doit rendre à son hôte ? Oui, peut-être a-t-il ri parce que j'ai oublié de parer ses armes ternies par le venin. »

Elle tire du riche fourreau, pour l'essuyer, la lame sanglante. Mais elle voit qu'elle est largement ébréchée. Elle remarque la forme de l'entaille : ne serait-ce point la lame qui s'est brisée dans la tête du Morholt ? Elle hésite, veut s'assurer de son doute. Elle court à la chambre où elle gardait le fragment d'acier retiré du crâne du Morholt. Elle joint le fragment à la brèche ; à peine voyait-on la trace de la brisure.

Alors elle se précipita vers Tristan, et, faisant tournoyer sur la tête du blessé la grande épée, elle cria :

« Tu es Tristan de Loonnois, le meurtrier du Morholt, mon cher oncle. Meurs donc, à ton tour ! »

Tristan fit effort pour arrêter son bras ; vainement : son corps était perclus, mais son esprit restait agile. Il parla donc avec adresse :

« Soit, je mourrai ; mais, pour t'épargner les longs repentirs, écoute. Fille de roi, sache que tu n'as pas seulement le pouvoir, mais le droit de me tuer. Oui, tu as droit sur ma vie, puisque deux fois tu me l'as conservée et rendue. Une première fois, naguère : j'étais le jongleur blessé que tu as sauvé quand tu as chassé de son corps le venin dont l'épieu du Morholt l'avait empoisonné. Ne rougis pas, jeune fille, d'avoir guéri ces blessures : ne les avais-je pas reçues en loyal combat ? ai-je tué le Morholt en trahison ? ne m'avait-il pas défié ? ne devais-je pas défendre mon corps ? Pour la seconde fois, en m'allant chercher au marécage, tu m'as sauvé. Ah ! c'est pour toi, jeune fille, que j'ai combattu le dragon... Mais laissons ces choses : je voulais te prouver seulement que, m'ayant par deux fois délivré du

péril de la mort, tu as droit sur ma vie. Tue-moi donc, si tu penses y gagner louange et gloire. Sans doute, plus tard, il te sera doux de songer à ton hôte blessé, qui avait risqué sa vie pour te conquérir, et que tu auras tué sans défense dans ce bain.

— J'entends merveilleuses paroles, s'écria Iseut. Pourquoi le meurtrier du Morholt a-t-il voulu me conquérir ? Ah ! sans doute, comme le Morholt avait jadis tenté de ravir sur sa nef les jeunes filles de Cornouaille, à ton tour, tu as fait cette vantance d'emporter comme ta serve celle que le Morholt chérissait entre les jeunes filles...

— Non, fille de roi, dit Tristan. Mais un jour deux hirondelles ont volé jusqu'à Tintagel pour y porter l'un de tes cheveux d'or. J'ai cru qu'elles venaient m'annoncer paix et amour. C'est pourquoi je suis venu te quérir par delà la mer. Vois ce cheveu cousu parmi les fils d'or de mon bliaut : la couleur des fils d'or a passé ; mais l'or du cheveu ne s'est pas terni. »

Iseut rejeta la grande épée et prit en mains le bliaut de Tristan. Elle y vit le cheveu d'or et se tut longuement ; puis elle baisa son hôte sur les lèvres en signe de paix et le revêtit de riches habits.

Au jour de l'assemblée des barons, Tristan envoya secrètement vers sa nef Perinis, le valet d'Iseut, pour mander à ses compagnons de se rendre à la cour, parés comme il convenait aux messagers d'un riche roi.

Un à un, dans la salle où déjà s'amassaient sans nombre les barons d'Irlande, les cent chevaliers entrèrent en silence, s'assirent à la file sur un même rang, et les pierreries ruisselaient au long de leurs riches vêtements d'écarlate, de cendal et de pourpre.

Quand le roi d'Irlande fut assis, le sénéchal offrit de prouver par témoins et de soutenir par bataille qu'il avait tué le monstre, et qu'Iseut devait lui être livrée. Alors Iseut, s'inclinant, dit à son père :

« Roi, un homme est là, qui prétend convaincre votre sénéchal de mensonge et de félonie. A cet homme prêt à prouver qu'il a délivré votre terre du fléau, promettez-vous de pardonner ses torts plus anciens, si grands soient-ils, et de lui accorder votre paix, votre merci ? »

Le roi dit : « Je l'octroie ! » Mais Iseut s'agenouilla à ses pieds : « Père, donnez-moi d'abord le baiser de merci et de paix, en signe que vous le donnerez pareillement à cet homme ! »

Alors, elle alla chercher Tristan et le conduisit par la main dans l'assemblée. A sa vue, les cent chevaliers se levèrent à la fois, le saluèrent les bras en croix sur la poitrine, et les Irlandais virent qu'il était leur seigneur. Mais plusieurs le reconnurent et s'écrièrent : « C'est Tristan de Loonnois, le meurtrier du Morholt ! » Les épées nues brillèrent, et des voix furieuses répétaient : « Qu'il meure ! » Mais Iseut s'écria : « Roi, baise cet homme sur la bouche, ainsi que tu l'as promis ! »

Le roi le baisa sur la bouche et la clameur s'apaisa.

Alors Tristan montra la langue du dragon, et offrit la bataille au sénéchal qui n'osa l'accepter. Puis il dit :

« Seigneurs, j'ai tué le Morholt, mais j'ai franchi la mer pour vous offrir belle amendise. Afin de racheter le méfait, j'ai mis mon corps en péril de mort et vous ai délivrés du monstre, et voici que j'ai conquis Iseut la Blonde, la belle. L'ayant conquise, je l'emporterai donc sur ma nef. Mais, afin que par les terres d'Irlande et de Cornouaille, se répande non plus la haine, mais l'amour, sachez que le roi Marc, mon cher seigneur, l'épousera. Voyez ici cent chevaliers de haut parage prêts à jurer sur les reliques des saints que le roi Marc vous mande paix et amour, que son désir est d'honorer Iseut comme sa chère femme épousée, et que tous les hommes de Cornouaille la serviront comme leur reine. »

Le roi prit Iseut par la main et demanda à Tristan s'il la conduirait loyalement à son seigneur. Devant ses chevaliers et les barons d'Irlande, Tristan le jura. Alors, le roi posa la main droite d'Iseut dans la main droite de Tristan, et Tristan la retint en signe qu'il se saisissait d'elle, au nom du roi de Cornouaille.

Ainsi, pour l'amour du roi Marc, Tristan conquit la Reine aux Cheveux d'or.

LE PHILTRE

UAND le temps approcha de remettre Iseut aux chevaliers de Cornouaille, sa mère cueillit des herbes, des fleurs et des racines, les méla dans du vin, et brassa un breuvage puissant. L'ayant achevé, elle dit secrètement à Brangien :

« Fille, tu dois suivre Iseut au pays du roi Marc, et tu l'aimes d'amour fidèle. Prends donc ce flacon et retiens mes paroles. Cache-le de telle sorte que nul œil ne le voie et que nulle lèvre ne s'en approche. Mais quand viendra la nuit nuptiale et l'instant où l'on quitte les époux, tu verseras ce vin herbé dans une coupe et tu la présenteras, pour qu'ils la vident ensemble, au roi Marc et à la reine Iseut. Prends garde, ma fille, que seuls ils puissent goûter ce breuvage. Car telle est sa vertu : ceux qui en boiront ensemble s'aimeront de tous leurs sens et de toute leur pensée, à toujours, dans la vie et dans la mort. »

Brangien promit à la reine qu'elle ferait selon sa volonté.

Sur la nef qui l'emportait vers Tintagel, Iseut la Blonde pleurait au souvenir de son pays, et le deuil gonflait son cœur. « Chétive ! disait-elle, devais-je quitter, pour suivre ces hommes inconnus, ma mère et mon pays ? Maudite soit la mer qui me porte ! Mieux aimerais-je mourir sur la terre où je suis née que vivre là-bas !... »

Un jour les vents tombèrent, et les voiles pendaient dégonflées le long du mât. Tristan fit atterrir dans une île et, lassés de la mer, les cent chevaliers de Cornouaille et les mariniers descendirent au rivage.

Seule Iseut était demeurée sur la nef, et une petite servante. Tristan vint vers la reine, et tâchait de calmer son cœur. Comme le soleil brûlait et qu'ils avaient soif, ils demandèrent à boire. L'enfant chercha quelque breuvage, tant qu'elle découvrit le flacon confié à Brangien par la mère d'Iseut. « J'ai trouvé du vin ! » leur cria-t-elle. Non, ce n'était pas du vin : c'était la passion, c'était l'âpre joie, et l'angoisse sans fin, et la mort. L'enfant remplit un hanap et le présenta à sa maîtresse. Elle but à longs traits, puis le tendit à Tristan, qui le vida.

A cet instant, Brangien entra et les vit qui se regardaient en silence, comme égarés et comme ravis. Elle vit devant eux le vase presque vide et le hanap. Elle prit le vase, courut à la poupe, le lança dans les vagues irritées, et gémit : « Malheureuse ! maudit soit le jour où je suis née et maudit le jour où je suis montée sur cette nef ! Iseut, amie, et vous, Tristan, c'est votre mort que vous avez bue ! »

De nouveau la nef cinglait vers Tintagel. Il semblait à Tristan qu'une ronce vivace, aux épines aiguës, aux fleurs odorantes, poussait ses racines dans le sang de son cœur et par de forts liens enlaçait au beau corps d'Iseut son corps et toute sa pensée, et tout son désir. Il songeait : « Félons, qui m'accusiez de convoiter la terre du roi Marc ; ah ! je suis plus vil encore, et ce n'est pas sa terre que je convoite ! Bel oncle, qui m'avez aimé orphelin avant même de reconnaître le sang de votre sœur Blanchefleur, vous qui me pleuriez tendrement, tandis que vos bras me portaient jusqu'à la barque sans rames ni voile ; bel oncle, que n'avez-vous, dès le premier jour, chassé l'enfant errant venu pour vous trahir? Ah! qu'ai-je pensé? Iseut est votre femme, et moi votre vassal; Iseut est votre femme, et moi votre fils; Iseut est votre femme et ne peut pas m'aimer. »

Iseut l'aimait. Elle voulait le haïr, pourtant : ne l'avait-il pas vilement dédaignée? Elle voulait le haïr, et ne pouvait, irritée en son cœur de cette tendresse plus douloureuse que la haine.

Brangien les observait avec angoisse, plus cruellement tourmentée encore, car seule elle pouvait se rendre compte du mal qu'elle avait causé. Pendant deux jours elle les épia, les vit repousser toute nourriture, tout breuvage et tout réconfort, se chercher comme des aveugles qui marchent à tâtons l'un vers l'autre, malheureux quand ils languissaient séparés, plus malheureux encore quand, réunis, ils tremblaient devant l'horreur du premier aveu.

Au troisième jour, comme Tristan venait vers la tente, dressée sur le pont de la nef, où Iseut était assise, Iseut le vit s'approcher :

« Entrez, seigneur, lui dit-elle humblement.

— Reine, dit Tristan, pourquoi m'avoir appelé seigneur? Ne suis-je pas votre homme lige et votre vassal, pour vous révérer et vous servir, et vous aimer comme ma reine et ma dame? »

Iseut répondit :

« Non, tu le sais, tu es mon seigneur et mon maître, et je suis ta serve! Que n'ai-je avivé naguère les plaies du jongleur blessé! Que n'ai-je laissé périr le tueur du monstre dans les herbes du marécage! Hélas! je ne savais pas alors ce que je sais aujourd'hui!

— Iseut, que savez-vous donc aujourd'hui? Qu'est-ce donc qui vous tourmente? »

Elle posa son bras sur l'épaule de Tristan; des larmes éteignirent le rayon de ses yeux, ses lèvres tremblèrent. Elle répondit : « L'amour de vous. » Alors il posa ses lèvres sur les siennes.

Mais, comme pour la première fois tous deux goûtaient une joie d'amour, Brangien, qui les épiait, poussa un cri et, les bras tendus, la face trempée de larmes, se jeta à leurs pieds : « Malheureux! arrêtez-vous, et retournez, si vous le pouvez encore! Mais non, la voie est sans retour, déjà la force de l'amour vous entraîne et jamais plus vous n'aurez de joie sans douleur. C'est le vin herbé qui vous possède, le breuvage d'amour que votre mère, Iseut, m'avait confié. Seul, le roi Marc devait le boire avec vous; mais l'Ennemi s'est joué de nous trois, et c'est vous qui avez vidé le hanap. Ami Tristan, Iseut amie, en châtiment de la male garde que j'ai faite, je vous abandonne mon corps, ma vie; car, par mon crime, dans la coupe maudite vous avez bu l'amour et la mort. »

Les amants s'étreignirent; dans leurs beaux corps frémissaient le désir et la vie. Tristan dit : « Vienne donc la mort! »

Et quand le soir tomba, sur la nef qui bondissait plus rapide vers la terre du roi Marc, liés à jamais, ils s'abandonnèrent à l'amour.

LE GRAND PIN

Le roi Marc accueillit Iseut la Blonde au rivage. Tristan la prit par la main et la conduisit devant le roi ; le roi se saisit d'elle en la prenant à son tour par la main. A grand honneur il la mena vers le château de Tintagel, et, lorsqu'elle parut dans la salle au milieu des vassaux, sa beauté jeta une telle clarté que les murs s'illuminèrent, comme frappés du soleil levant. Alors le roi Marc loua les hirondelles qui, par belle courtoisie, lui avaient porté le cheveu d'or ; il loua Tristan, et les cent chevaliers qui, sur la nef aventureuse, étaient allés lui quérir la joie de ses yeux et de son cœur. Hélas ! la nef vous apporte, à vous aussi, noble roi, l'âpre deuil et les forts tourments.

A dix-huit jours de là, ayant convoqué ses hommes, il prit à femme Iseut la Blonde. Mais, lorsque vint la nuit, Brangien, afin de cacher le déshonneur de la reine et pour la sauver de la mort, prit la place d'Iseut dans le lit nuptial. En châtiment de la male garde qu'elle avait faite sur la

mer et pour l'amour de son amie, elle lui sacrifia, la fidèle, la pureté de son corps ; l'obscurité de la nuit cacha au roi sa ruse et sa honte.

Iseut est reine et semble vivre en joie. Iseut est reine et vit en tristesse. Iseut a la tendresse du roi Marc, les barons l'honorent, et ceux de la gent menue la chérissent. Iseut passe le jour dans ses chambres richement peintes et jonchées de fleurs. Iseut a les nobles joyaux, les draps de pourpre et les tapis venus de Hongrie et de Thessalie, et les chants des harpeurs, et les courtines où sont ouvrés léopards, alérions, papegauts et toutes les bêtes de la mer et des bois. Iseut a ses vives, ses belles amours, et Tristan auprès d'elle, à loisir, et le jour et la nuit : car, ainsi que veut la coutume chez les hauts seigneurs, il couche dans la chambre royale, parmi les privés et les fidèles. Iseut tremble pourtant. Pourquoi trembler ? Ne tient-elle pas ses amours secrètes ? Qui soupçonnerait Tristan ? Qui donc soupçonnerait un fils ? Qui la voit ? Qui l'épie ? Quel témoin ? Oui, un témoin l'épie, Brangien ; Brangien seule sait sa vie, la tient en sa merci. Dieu ! si, lasse de préparer chaque jour comme une servante le lit où elle a couché la première, elle les dénonçait au roi ! Si Tristan mourait par sa félonie !...

Ainsi la peur affole la reine. Non, ce n'est pas de Brangien la fidèle, c'est de son propre cœur que vient son tourment.

Ce n'est pas Brangien la fidèle, c'est eux-mêmes que les amants doivent redouter. Mais comment leurs cœurs enivrés seraient-ils vigilants? L'amour les presse, comme la soif précipite vers la rivière le cerf sur ses fins; ou tel encore, après un long jeûne, l'épervier soudain lâché fond sur la proie. Hélas! amour ne se peut celer. Certes, par la prudence de Brangien, nul ne surprit la reine entre les bras de son ami; mais, à toute heure, en tout lieu, chacun ne voit-il pas comment le désir les agite, les étreint, déborde de tous leurs sens ainsi que le vin nouveau ruisselle de la cuve?

Déjà les quatre félons de la cour, qui haïssaient Tristan pour sa prouesse, rôdent autour de la reine. Déjà ils connaissent la vérité de ses belles amours. Ils brûlent de convoitise, de haine et de joie. Ils porteront au roi la nouvelle : ils verront la tendresse se muer en fureur, Tristan chassé ou livré à la mort, et le tourment de la reine. Ils craignaient pourtant la colère de Tristan, mais leur haine dompta leur terreur; un jour, les quatre barons appelèrent le roi Marc à parlement et Andret lui dit :

« Beau roi, sans doute ton cœur s'irritera et tous quatre nous en avons grand deuil ; mais nous devons te révéler ce que nous avons surpris. Tu as placé ton cœur en Tristan et Tristan veut te honnir. Vainement nous t'avions averti : pour l'amour d'un seul homme, tu fais fi de ta parenté et de ta baronnie entière, et nous délaisses tous.

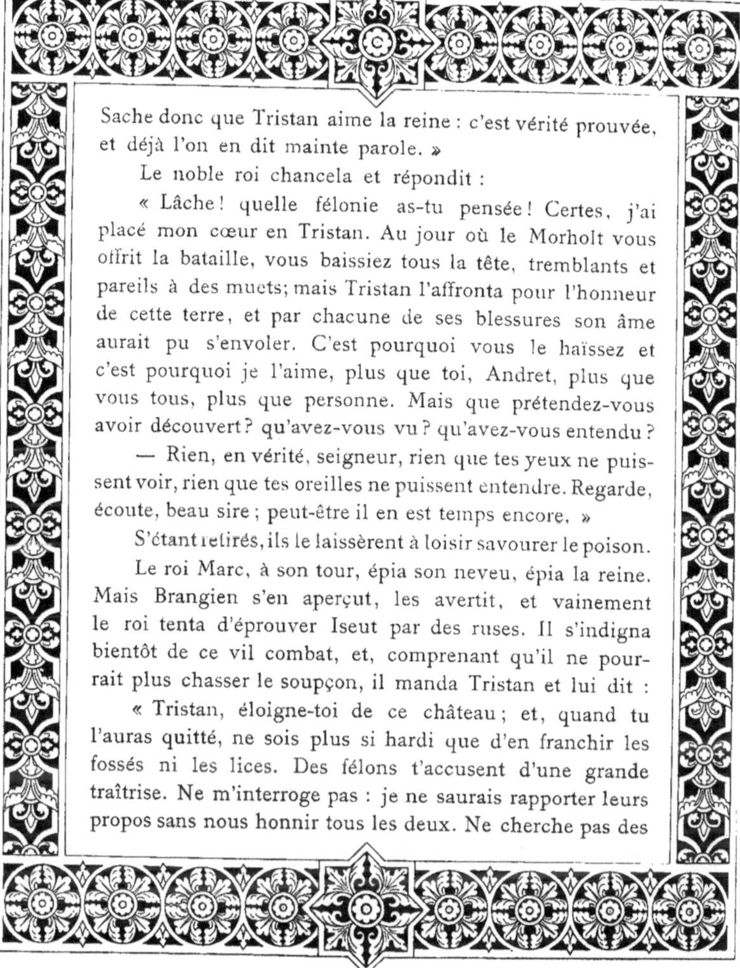

Sache donc que Tristan aime la reine : c'est vérité prouvée, et déjà l'on en dit mainte parole. »

Le noble roi chancela et répondit :

« Lâche! quelle félonie as-tu pensée! Certes, j'ai placé mon cœur en Tristan. Au jour où le Morholt vous offrit la bataille, vous baissiez tous la tête, tremblants et pareils à des muets; mais Tristan l'affronta pour l'honneur de cette terre, et par chacune de ses blessures son âme aurait pu s'envoler. C'est pourquoi vous le haïssez et c'est pourquoi je l'aime, plus que toi, Andret, plus que vous tous, plus que personne. Mais que prétendez-vous avoir découvert? qu'avez-vous vu? qu'avez-vous entendu?

— Rien, en vérité, seigneur, rien que tes yeux ne puissent voir, rien que tes oreilles ne puissent entendre. Regarde, écoute, beau sire ; peut-être il en est temps encore. »

S'étant retirés, ils le laissèrent à loisir savourer le poison.

Le roi Marc, à son tour, épia son neveu, épia la reine. Mais Brangien s'en aperçut, les avertit, et vainement le roi tenta d'éprouver Iseut par des ruses. Il s'indigna bientôt de ce vil combat, et, comprenant qu'il ne pourrait plus chasser le soupçon, il manda Tristan et lui dit :

« Tristan, éloigne-toi de ce château ; et, quand tu l'auras quitté, ne sois plus si hardi que d'en franchir les fossés ni les lices. Des félons t'accusent d'une grande traîtrise. Ne m'interroge pas : je ne saurais rapporter leurs propos sans nous honnir tous les deux. Ne cherche pas des paroles qui m'apaisent : elles resteraient vaines. Pourtant, je ne crois pas les félons : si je les croyais, ne t'aurais-je pas déjà jeté à la mort honteuse ? Mais leurs discours maléfiques ont troublé mon cœur et seul ton départ le calmera. Pars, sans doute je te rappellerai bientôt ; pars, mon fils toujours cher ! »

Quand les félons ouïrent la nouvelle : « Il est parti, dirent-ils entre eux, il est parti, l'enchanteur, chassé comme un larron ! Que peut-il devenir désormais ? Sans doute il passera la mer pour chercher les aventures et porter son service déloyal à quelque roi lointain ! »

Non, Tristan n'eut pas la force de partir ; et quand il eut franchi les lices et les fossés du château, il connut qu'il ne pourrait s'éloigner davantage : il s'arrêta dans le bourg même de Tintagel, prit hôtel avec Gorvenal dans la maison d'un bourgeois, et languit, plus blessé que

naguère, aux jours où l'épieu du Morholt avait empoisonné son corps.

Derrière les tours bien closes, Iseut la Blonde languit aussi, plus malheureuse encore : car, parmi ces étrangers qui l'épient, il lui faut tout le jour feindre la joie et rire ; et, la nuit, étendue aux côtés du roi Marc, elle dompte, immobile, l'agitation de ses membres et les tressauts de la fièvre. Elle veut fuir vers Tristan. Il lui semble qu'elle se lève et qu'elle court vers la porte ; mais, sur le seuil obscur, les félons ont tendu de grandes faulx : les lames affilées et méchantes saisissent au passage ses genoux délicats. Il lui semble qu'elle tombe et que de ses genoux tranchés s'élancent deux rouges fontaines.

Bientôt les amants mourront, si nul ne les secourt. Et qui donc les secourra, sinon Brangien ? Au péril de sa vie, elle s'est glissée vers la maison où Tristan languit. Gorvenal lui ouvre tout joyeux, et, pour sauver les amants, elle enseigne une ruse à Tristan.

Non, jamais, seigneurs, vous n'aurez ouï parler d'une plus belle ruse d'amour.

Derrière le château de Tintagel, un verger s'étendait, vaste et clos de fortes palissades. De beaux arbres y croissaient sans nombre, chargés de fruits, d'oiseaux et de grappes odorantes. Au lieu le plus éloigné du château, tout auprès des pieux de la palissade, un pin s'élevait, haut et droit, dont le tronc robuste soutenait une large ramure. A son pied, une source vive : l'eau s'épandait d'abord en une large nappe, claire et calme, enclose par un perron de marbre ; puis, contenue entre deux rives resserrées, elle courait en serpentant par le verger, et, pénétrant dans l'intérieur même du château, traversait les chambres des femmes.

Or, chaque soir, par le conseil de Brangien, Tristan taillait avec art des morceaux d'écorce et de menus branchages. Il franchissait les pieux aigus, et, venu sous le pin, jetait les copeaux dans la fontaine. Légers comme l'écume, ils surnageaient et coulaient avec elle, et, dans les chambres des femmes, Iseut épiait leur venue. Aussitôt, les

soirs où Brangien avait su écarter le roi Marc et les félons, elle s'en venait vers son ami.

Elle s'en vient, agile et craintive pourtant, guettant à chacun de ses pas si des félons se sont embusqués derrière les arbres. Mais, dès que Tristan l'a vue, les bras ouverts, il s'élance vers elle. Alors, la nuit les protége et l'ombre amie du grand pin.

« Tristan, dit la reine, n'assure-t-on pas que ce château est enchanté et que, deux fois l'an, il disparaît aux yeux ? Il s'est perdu maintenant. N'est-ce pas ici le verger merveilleux dont parlent les lais de harpe ? »

Mais déjà retentissent les trompes des guetteurs qui annoncent l'aube.

Iseut a recouvré sa joie : le soupçon de Marc se dissipe et les félons comprennent, au contraire, que Tristan a revu la reine. Mais Brangien fait si bonne garde qu'ils épient vainement. Enfin, le duc Andret, que Dieu honnisse ! dit à ses compagnons :

« Seigneurs, prenons conseil de Frocin, le nain bossu. Il connaît les sept arts, la magie et toutes manières d'enchantements. Il nous enseignera, s'il veut, les ruses d'Iseut la Blonde. »

Le petit homme méchant traça les caractères de sorcellerie, jeta ses charmes et ses sorts, et dit :

« Vivez en joie, beaux seigneurs ; cette nuit, vous pourrez les saisir. »

Ils le menèrent devant le roi.

« Sire, dit le sorcier, mandez à vos veneurs qu'ils mettent la laisse aux limiers et la selle aux chevaux ; annoncez que sept jours et sept nuits vous vivrez dans la forêt pour conduire votre chasse, et vous me pendrez aux fourches si vous n'entendez pas, cette nuit même, quel discours Tristan tient à la reine. »

Le roi fit ainsi, contre son cœur. La nuit tombée, il laissa ses veneurs dans la forêt, prit le nain en croupe, et retourna vers Tintagel. Il pénétra dans le verger, et le nain le conduisit sous le grand pin.

« Beau roi, il convient que vous montiez dans les branches de cet arbre. Portez là-haut votre arc et vos flèches : ils vous serviront peut-être. Et tenez-vous coi : vous n'attendrez pas longuement. »

Cette nuit, la lune brillait, claire et belle. Caché dans la ramure, le roi vit son neveu bondir par-dessus les pieux aigus. Tristan vint sous l'arbre et jeta dans l'eau les copeaux et les branchages. Mais, comme il s'était penché sur la fontaine en les jetant il y vit l'image du roi. Ah ! s'il pouvait arrêter les copeaux qui fuient ! Mais non ; ils courent, rapides, par le verger. Là-bas, dans les chambres des femmes, Iseut épie leur venue ; déjà sans doute, elle les voit, elle accourt.

Elle vient ; assis, immobile, Tristan la regarde, et, dans l'arbre, il entend le bruit de la flèche qui s'encoche dans la corde de l'arc.

Elle vient, agile et prudente pourtant, comme elle avait coutume. « Qu'est-ce donc ? pense-t-elle. Pourquoi Tristan n'accourt-il pas ce soir à ma rencontre ? Aurait-il vu quelque ennemi ? »

Soudain, à la clarté de la lune, elle aperçut à son tour l'ombre du roi dans la fontaine. Elle montra bien la sagesse des femmes en ce qu'elle ne leva point les yeux vers les branches de l'arbre :

« Seigneur Dieu! dit-elle tout bas, accorde-moi seulement que je puisse parler la première ! »

« Sire Tristan, qu'avez-vous osé ? M'attirer en tel lieu, à telle heure! Maintes fois déjà vous m'aviez mandée, pour me supplier, disiez-vous. Qu'attendez-vous de moi ? Je suis venue enfin : car, je n'ai pu l'oublier, si je suis reine, je vous le dois. Me voici : que voulez-vous?

— Reine, je veux vous crier merci, afin que vous apaisiez le roi. »

Elle tremble et pleure. Mais Tristan loue le Seigneur Dieu qui a montré le péril à son amie.

« Oui, reine, je vous ai mandée souvent et vainement : jamais, depuis que le roi m'a chassé, vous n'avez daigné venir à mon appel. Prenez en pitié le chétif que voici ; le roi me hait, j'ignore pourquoi; mais vous le savez peut-être, et qui donc pourrait charmer sa colère, sinon vous seule, reine franche, courtoise Iseut, en qui son cœur se fie?

— En vérité, sire Tristan, ignorez-vous encore qu'il nous soupçonne tous les deux ? Et de quelle traîtrise ! faut-il, par surcroît de honte, que ce soit moi qui vous l'apprenne ? Mon seigneur croit que je vous aime d'amour coupable! Dieu le sait, pourtant, et, si je mens, qu'il honnisse mon corps ! Jamais je n'ai donné mon amour à nul homme, hormis celui qui, le premier m'a prise, vierge, entre ses bras. Et vous voulez, Tristan, que, j'implore du roi votre pardon ? S'il savait seulement que je suis venue sous ce pin, demain il ferait jeter ma cendre aux vents ! Mais mon corps tremble, j'ai grand'peur ; je pars, j'ai trop demeuré déjà. »

Dans la ramure, le roi eut pitié et sourit doucement. Iseut s'enfuit :

« Reine, au nom du Sauveur, venez à mon secours, par charité !

— Ami, que Dieu vous protège ! Le roi vous hait à tort. Mais, en toute terre où vous irez, le Seigneur Dieu vous sera un ami vrai. »

Elle part et fuit jusqu'à sa chambre, où Brangien la prend, tremblante, entre ses bras; la reine lui dit l'aventure. Brangien s'écrie :

« Iseut, Dieu a fait pour vous un grand miracle ! Il est père compatissant et ne veut pas le mal de ceux qu'il sait innocents. »

Quand il eut franchi la palissade du verger, le roi dit en souriant :

« Beau neveu, bénie soit cette heure ! Vois, la lointaine chevauchée que tu préparais ce matin, elle est déjà finie ! »

Là-bas, dans une clairière de la forêt, le nain Frocin interrogeait le cours des étoiles; il y lut que le roi le menaçait de mort; il noircit de peur et de honte, et s'enfuit prestement vers la terre de Galles.

LE NAIN FROCIN

E roi Marc a fait la paix avec Tristan. Il peut revenir au château, et, comme naguère, Tristan couche dans la chambre du roi. A son gré, il y peut entrer, il en peut sortir : le roi n'en a plus souci.

Marc avait pardonné aux félons, et comme le sénéchal Dinas de Lidan avait un jour trouvé dans une forêt lointaine, errant et misérable, le nain bossu, il le ramena au roi, qui eut pitié, et lui pardonna aussi.

Mais sa bonté ne fit qu'exciter la haine des barons ; ayant de nouveau surpris Tristan et la reine, ils se lièrent par ce serment : Si le roi ne chassait pas son neveu hors du pays, ils se retireraient dans leurs forts châteaux, pour le guerroyer. Ils appelèrent le roi à parlement :

« Seigneur, nous voulons que tu chasses Tristan. Il aime la reine, et le voit qui veut ; mais nous, nous ne le souffrirons plus. »

Le roi les entend, soupire, baisse le front vers la terre, se tait.

« Non, roi, nous ne le souffrirons pas, car nous savons maintenant que cette nouvelle étrange n'est plus pour te surprendre et que tu consens à leur crime. Que feras-tu ? Délibère et prends conseil. Pour nous, si tu n'éloignes pas ton neveu sans retour, nous nous retirerons sur nos baronnies et nous entraînerons aussi nos voisins hors de ta cour, car nous ne pouvons supporter qu'ils y demeurent. Tel est le choix que nous t'offrons ; choisis donc !

— Seigneurs, une fois j'ai cru aux laides paroles que vous disiez de Tristan, et je m'en suis repenti. Mais vous êtes mes féaux, et je ne veux pas perdre le service de mes hommes. Conseillez-moi donc, je vous en requiers, vous qui me devez le conseil. Vous savez bien que je fuis tout orgueil et toute démesure.

— Donc, seigneur, mandez ici le nain Frocin. Vous vous défiez de lui, pour l'aventure du verger. Pourtant n'avait-il pas lu dans les étoiles que la reine viendrait ce soir-là sous le pin ? Il sait maintes choses ; prenez son conseil. »

Il accourut, le bossu maudit, et Denoalen l'accola. Écoutez quelle trahison il enseigna au roi :

« Sire, commande à ton neveu que demain, dès l'aube, au galop, il chevauche vers Carduel pour porter au roi Artur un bref sur parchemin, bien scellé de cire. Roi, Tristan couche près de ton lit. Sors de ta chambre à l'heure du premier sommeil, et, je te le jure par Dieu et par la loi de Rome, s'il aime Iseut de fol amour, il voudra venir lui

parler avant son départ ; mais, s'il y vient sans que je le sache et sans que tu le voies, alors tue-moi. Pour le reste, laisse-moi mener l'aventure à ma guise, et garde-toi seulement de parler à Tristan de ce message avant l'heure du coucher.

— Oui, répondit Marc, qu'il en soit fait ainsi. »

Alors le nain fit une laide félonie. Il entra chez un boulanger et lui prit pour quatre deniers de fleur de farine qu'il cacha dans le giron de sa robe. La nuit venue, quand le roi eut pris son repas et que ses hommes furent endormis, par la vaste salle voisine de sa chambre, Tristan s'en vint, comme il avait coutume, au coucher du roi Marc.

« Beau neveu, faites ma volonté : vous chevaucherez vers le roi Artur jusqu'à Carduel, et vous lui ferez déplier ce bref. Saluez-le de ma part, et ne séjournez qu'un jour auprès de lui.

— Roi, je le porterai demain.

— Oui, demain, avant que le jour se lève. »

Voilà Tristan en grand émoi. De son lit au lit de Marc, il y avait bien la longueur d'une lance. Un désir furieux le prit de parler à la reine, et il se promit en son cœur que, vers l'aube, si Marc dormait, il s'approcherait d'elle. Ah ! Dieu ! la folle pensée !

Le nain couchait, comme il avait coutume, dans la chambre du roi. Quand il crut que tous dormaient, il se leva et répandit entre le lit de Tristan et celui de la reine la fleur de farine : si l'un des deux amants allait rejoindre l'autre, la farine garderait la forme de ses pas. Mais, comme il l'éparpillait, Tristan, qui restait éveillé, le vit.

« Qu'est-ce à dire? Ce nain n'a pas coutume de me servir pour mon bien ; mais il sera déçu : bien fou qui lui laisserait prendre l'empreinte de ses pas ! »

A minuit, le roi se leva et sortit, suivi du nain bossu. Il faisait noir dans la chambre : ni cierge allumé, ni lampe. Tristan se dressa debout sur son lit. Il joint les pieds, estime la distance, bondit et retombe sur le lit du roi. Hélas ! la veille, dans la forêt, le boutoir d'un grand sanglier l'avait navré à la jambe, et, pour son malheur, la blessure n'était point bandée. Dans l'effort de ce bond, elle s'ouvre, saigne ; mais Tristan ne voit pas le sang qui fuit et rougit les draps. Et dehors, à la lune, le nain, par son art de sortilège, connut que les amants étaient réunis. Il en trembla de joie et dit au roi :

« Va maintenant, et si tu ne les surprends pas, fais-moi pendre ! »

Ils viennent donc vers la chambre, le roi, le nain et les quatre félons. Mais Tristan les a entendus : il se relève, s'élance, atteint son lit... hélas, au passage, le sang a malement coulé de la blessure sur la farine !

Voici le roi, les barons, et le nain qui porte une lumière. Tristan et

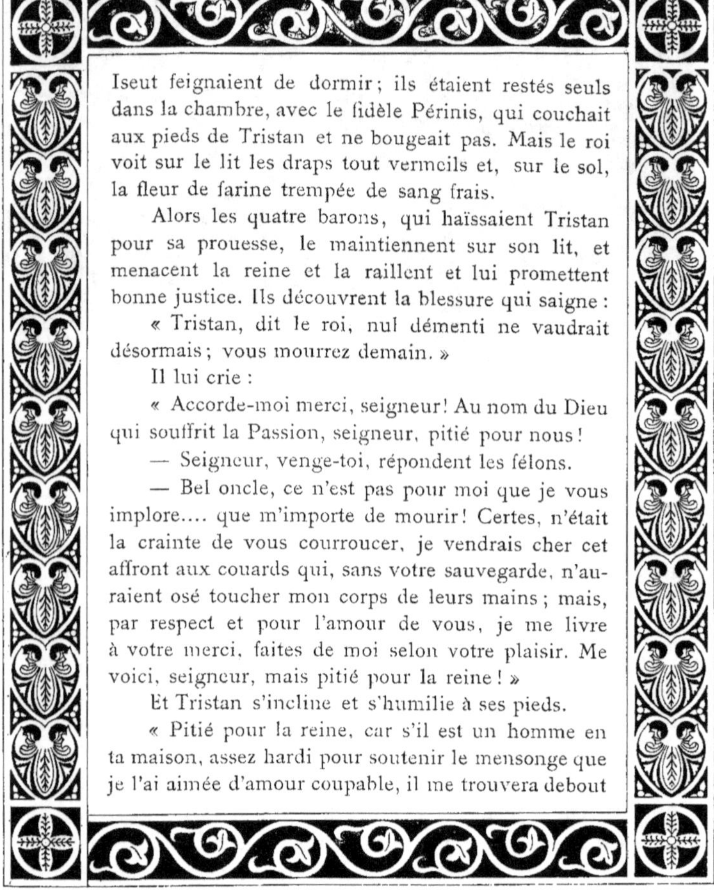

Iseut feignaient de dormir ; ils étaient restés seuls dans la chambre, avec le fidèle Périnis, qui couchait aux pieds de Tristan et ne bougeait pas. Mais le roi voit sur le lit les draps tout vermeils et, sur le sol, la fleur de farine trempée de sang frais.

Alors les quatre barons, qui haïssaient Tristan pour sa prouesse, le maintiennent sur son lit, et menacent la reine et la raillent et lui promettent bonne justice. Ils découvrent la blessure qui saigne :

« Tristan, dit le roi, nul démenti ne vaudrait désormais ; vous mourrez demain. »

Il lui crie :

« Accorde-moi merci, seigneur ! Au nom du Dieu qui souffrit la Passion, seigneur, pitié pour nous !

— Seigneur, venge-toi, répondent les félons.

— Bel oncle, ce n'est pas pour moi que je vous implore.... que m'importe de mourir ! Certes, n'était la crainte de vous courroucer, je vendrais cher cet affront aux couards qui, sans votre sauvegarde, n'auraient osé toucher mon corps de leurs mains ; mais, par respect et pour l'amour de vous, je me livre à votre merci, faites de moi selon votre plaisir. Me voici, seigneur, mais pitié pour la reine ! »

Et Tristan s'incline et s'humilie à ses pieds.

« Pitié pour la reine, car s'il est un homme en ta maison, assez hardi pour soutenir le mensonge que je l'ai aimée d'amour coupable, il me trouvera debout

devant lui en champ clos. Sire, grâce pour elle, au nom du Seigneur Dieu ! »

Mais les trois barons l'ont lié de cordes, lui et la reine. Ah ! s'il avait su qu'il ne serait pas admis à prouver son innocence en combat singulier, on l'eût démembré vif avant qu'il eût souffert d'être lié vilement.

Mais il se fiait en Dieu et savait qu'en champ clos nul n'oserait brandir une arme contre lui. Et, certes, il se fiait justement en Dieu. Quand il jurait qu'il n'avait jamais aimé la reine d'amour coupable, les félons riaient de l'insolente imposture. Mais je vous appelle, seigneurs, vous qui savez la vérité du philtre bu sur la mer et qui comprenez, disait-il mensonge ? Ce n'est pas le fait qui prouve le crime, mais le jugement. Les hommes voient le fait, mais Dieu voit les cœurs, et, seul, il est vrai juge. Il a donc institué que tout homme accusé pourrait soutenir son droit par bataille, et lui-même combat avec l'innocent. C'est pourquoi Tristan réclamait justice et bataille et se garda de manquer en rien au roi Marc.

Mais, s'il avait pu prévoir ce qui advint, il aurait tué les félons. Ah ! Dieu ! pourquoi ne les tua-t-il pas ?

LE SAUT DE LA CHAPELLE

DANS la nuit noire, la nouvelle court : Tristan et la reine ont été saisis ; le roi veut les tuer. Riches bourgeois et petites gens, tous pleurent ; tous courent au palais.

Les plaintes, les cris montent par la cité. Mais tel est le courroux du roi qu'il n'y a si fort et si fier baron qui ose risquer une seule parole pour le fléchir.

Le jour approche, la nuit s'en va. Avant le soleil levé, Marc chevauche hors de la ville, au lieu où il avait coutume de tenir ses plaids et de juger. Il commande qu'on creuse une fosse en terre et qu'on y amasse des sarments noueux et tranchants et des épines blanches et noires, arrachées avec leurs racines.

A l'heure de prime, il fait crier un ban par le pays pour convoquer aussitôt les hommes de Cornouaille. Ils s'assemblent à grand bruit : alors le roi leur parla ainsi :

« Seigneurs, j'ai fait dresser ce bûcher d'épines pour Tristan et pour la reine, car ils ont forfait. »

Mais tous lui crièrent, avec des larmes :

« Jugement, roi ! Le jugement d'abord, l'escondit et le plaid ! Les tuer sans jugement, c'est honte et crime. Roi, répit et merci pour eux ! »

« Non ! répondit Marc en sa colère, ni répit, ni merci, ni plaid, ni jugement ! Par ce Seigneur qui créa le monde, si nul m'ose encore requérir de telle chose, il brûlera le premier sur ce bûcher ! »

Il ordonne qu'on allume le feu et qu'on aille quérir Tristan.

Les épines flambent, tous se taisent, le roi attend.

Les valets ont couru jusqu'à la chambre où les amants sont étroitement gardés. Ils entraînent Tristan par ses mains liées de cordes. Il pleure sous l'affront; mais de quoi lui servent ses larmes?

On l'emmène à grand'honte; et la reine s'écrie, presque folle d'angoisse : « Être tuée, ami, pour que vous soyez sauvé, ce serait grande joie ! »

Les gardes et Tristan descendent hors de la ville, vers le bûcher.

Or, écoutez comme le Seigneur Dieu est plein de pitié. Lui qui ne veut pas la mort du pécheur, il reçut en gré les larmes et la clameur des pauvres gens qui le suppliaient pour les amants torturés.

Près de la route où Tristan passait, au faîte d'un roc et tournée vers la bise, une chapelle se dressait sur la mer. Le mur du chevet était posé au ras d'une falaise, haute, pierreuse, aux escarpements aigus; dans l'abside était une verrière. Tristan dit à ceux qui le menaient :

« Seigneurs, voyez cette chapelle ; permettez que j'y entre. Ma mort est prochaine, je prierai Dieu qu'il ait merci de moi, qui l'ai tant offensé. Seigneurs, la chapelle n'a d'autre issue que celle-ci ; chacun de vous tient son épée ; vous savez bien que je ne puis passer que par cette porte, et quand j'aurai prié Dieu, il faudra bien que je me remette entre vos mains ! »

L'un des gardes dit : « Nous pouvons bien le lui permettre. »

Ils le laissent entrer. Il court par la chapelle, franchit le chœur, dépasse l'autel, saisit la fenêtre, l'ouvre et s'élance... Plutôt cette chute que la mort sur le bûcher, devant telle assemblée !

Mais sachez, seigneurs, que Dieu lui fit belle merci : le vent se prend en ses vêtements et le dépose sur une large pierre au pied du rocher. Les gens de Cornouaille appellent encore cette pierre le « Saut de Tristan ».

Et devant l'église les autres l'attendaient toujours. Mais c'est pour néant, car c'est Dieu maintenant qui l'a pris en sa garde. Il fuit : le sable meuble croule sous ses pas. Il tombe, se retourne, voit au loin le bûcher : la flamme bruit, la fumée monte. Il fuit.

L'épée ceinte, à bride abattue, Governal s'était échappé de la cité : le roi l'aurait fait brûler en place de son seigneur. Il rejoignit Tristan sur la lande :

« Maître! s'écria Tristan, Dieu m'a accordé sa merci. Ah! chétif! à quoi bon? Si je n'ai Iseut, rien ne me vaut. Que ne me suis-je plutôt brisé dans ma chute! J'ai échappé, Iseut, et l'on va te tuer. On la brûle pour moi; pour elle, je mourrai aussi.

« Beau sire, s'écria Governal, prenez réconfort, n'écoutez pas la colère. Voyez ce buisson épais, enclos d'un large fossé; cachons-

nous là : les gens passent nombreux sur cette route ; ils nous renseigneront, et, si l'on brûle Iseut, fils, je jure par Dieu, le fils de Marie, de ne jamais coucher sous un toit jusqu'au jour où nous l'aurons vengée.

Or, quand Tristan s'était précipité de la falaise, un pauvre homme de la gent menue l'avait vu se relever et fuir. Il avait couru vers Tintagel et s'était glissé jusqu'en la chambre d'Iseut :

« Reine, ne pleurez plus. Votre ami s'est échappé !

— Dieu, dit-elle, en soit remercié ! Maintenant, qu'ils me lient ou me délient, qu'ils m'épargnent ou qu'ils me tuent, je n'en ai plus souci ! »

Or, les félons avaient si cruellement serré les cordes de ses poignets que le sang jaillissait. Mais, souriante, elle dit :

« Si je pleurais pour cette souffrance, alors qu'en sa bonté Dieu vient d'arracher mon ami à ces félons, certes, je ne vaudrais guère ! »

Quand la nouvelle parvint au roi que Tristan s'était échappé par la verrière, il blémit de courroux et commanda à ses hommes de lui amener Iseut.

On l'entraîne : hors de la salle, sur le seuil ; elle apparaît, elle tend ses mains délicates, d'où le sang coule. Une clameur monte par la rue :

« O Dieu, pitié pour elle ! Reine franche, reine honorée, quel deuil ont jeté sur cette terre ceux qui t'ont livrée ! Malédiction sur eux ! »

La reine est traînée jusqu'au bûcher d'épines, qui flambe.

Elle se tient debout devant la flamme. La foule à l'entour crie, maudit le roi, maudit les traîtres. Les larmes coulent le long de sa face. Elle était vêtue d'un étroit bliaud gris, où courait un filet d'or menu ; un fil d'or était tressé dans ses cheveux qui tombaient jusqu'à ses pieds. Qui pourrait la voir si belle sans la prendre en pitié aurait un cœur de félon. Dieu ! comme ses bras sont étroitement liés !

Or, cent lépreux, déformés, la chair rongée et toute blanchâtre, accourus sur leurs béquilles au claquement des crécelles, se pressaient devant le bûcher, et, sous leurs paupières enflées, leurs yeux sanglants jouissaient du spectacle.

Ivain, le plus hideux des malades, cria au roi d'une voix aiguë :

« Sire, tu veux jeter ta femme en ce bûcher, c'est bonne justice, mais trop brève. Ce grand feu l'aura vite brûlée, ce grand vent aura vite dispersé sa cendre. Et quand cette flamme tombera tout à l'heure, sa peine sera finie. Veux-tu que je t'enseigne pire châtiment, en sorte qu'elle vive, mais à grand déshonneur, et toujours souhaitant la mort? Roi, le veux-tu? »

Le roi répondit :

« Oui, la vie pour elle, mais à grand déshonneur et pire que la mort... Qui m'enseignera tel supplice, je l'en aimerai mieux.

— Je dirai donc brièvement ma pensée. Vois, j'ai là cent compagnons. Donne-nous Iseut et qu'elle nous soit commune! Le mal attise nos désirs. Donne-la à tes lépreux, jamais dame n'aura fait pire fin. Vois, nos

haillons sont collés à nos plaies qui suintent. Elle qui, près de toi, se plaisait aux riches étoffes fourrées de vair, aux joyaux, aux salles parées de marbre, elle qui jouissait des bons vins, de l'honneur, de la joie, quand elle verra la cour de tes lépreux, quand il lui faudra entrer sous nos taudis bas et coucher avec nous, alors Iseut la Belle, la Blonde, reconnaîtra son péché et regrettera ce beau feu d'épines ! »

Le roi l'entend, se lève et longuement reste immobile. Enfin, il court vers la reine et la saisit par la main. Elle crie :

« Par pitié, sire, brûlez-moi plutôt, brûlez-moi ! »

Mais le roi la livre. Ivain la prend et les cent malades se pressent autour d'elle. A les entendre crier et glapir, tous les cœurs se fondent de pitié ; mais Ivain est joyeux ; Iseut s'en va, Ivain l'emmène. Hors de la cité descend le hideux cortège.

Ils ont pris la route où Tristan s'est embusqué. Gorvenal jette un cri :

« Fils, que feras-tu ? Voici ton amie ! »

Tristan pousse son cheval hors du fourré :

« Ivain, tu lui as assez longtemps fait compagnie ; laisse-la maintenant, si tu veux vivre ! »

Mais Ivain dégrafe son manteau.

« Hardi, compagnons ! A vos bâtons ! A vos béquilles ! C'est l'instant de montrer sa prouesse ! »

Alors il fit beau voir les lépreux rejeter leurs chapes, se camper sur leurs pieds malades, souffler, crier, brandir leurs béquilles : l'un menace et l'autre grogne. Mais il répugnait à Tristan de les frapper ; les conteurs prétendent que Tristan tua Ivain : c'est dire vilenie ; non, il était trop preux pour occire telle engeance. Mais Gorvenal, ayant arraché une forte pousse de chêne, l'asséna sur le crâne d'Ivain : le sang jaillit et coula jusqu'à ses pieds difformes.

Tristan reprit la reine : désormais, près de lui, elle ne sent plus nul mal. Il trancha les cordes qui liaient étroitement ses bras, et, quittant la plaine, ils s'enfoncèrent dans la forêt du Morois. Là, dans les grands bois, Tristan se trouve en sûreté comme derrière la muraille d'un fort château.

Quand le soleil pencha, ils s'arrêtèrent tous trois au pied d'un mont ; la peur avait lassé la reine ; elle reposa sa tête sur le corps de Tristan et s'endormit.

Au matin, Gorvenal déroba à un forestier son arc et deux flèches bien empennées et barbelées, et les donna à Tristan, le bon archer, qui surprit un chevreuil au gîte et le tua. Gorvenal fit un amas de branches sèches, battit le fusil, fit jaillir l'étincelle et alluma un grand feu pour cuire la venaison ; Tristan, de son côté, coupa des branchages, construisit une hutte et la recouvrit de feuillée. Iseut la joncha d'herbes épaisses.

Alors, au fond de la forêt sauvage, commença pour les amants l'âpre vie, aimée pourtant.

DEUXIÈME PARTIE

LA FORÊT DU MOROIS

u fond de la forêt sauvage, à grand ahan, comme des bêtes traquées, ils errent, et rarement osent revenir le soir au gîte de la veille. Ils ne mangent que la chair des fauves. Leurs visages amaigris se font blêmes, leurs vêtements tombent en haillons, déchirés par les ronces. Ils s'aiment, ils ne souffrent pas.

Un jour, comme ils parcouraient ces grands bois qui n'avaient jamais été abattus, ils arrivèrent à l'ermitage de Frère Ogrin.

Au soleil, sous un bois léger d'érables, auprès de sa chapelle, le vieil homme, appuyé sur sa béquille, allait à pas menus.

« Sire Tristan, s'écria-t-il, sachez quel grand serment ont juré les hommes de Cornouaille. Le roi a fait crier un ban par toutes les paroisses : Qui se saisira de vous recevra cent marcs d'or pour son salaire, et tous les barons ont juré de vous livrer mort ou vif. Repentez-vous, Tristan ! Dieu pardonne au pécheur qui vient à repentance.

— Me repentir, sire Ogrin ? De quel crime ? Vous qui nous jugez, savez-vous quel boivre nous avons bu sur la mer ? Oui, la bonne liqueur nous enivre, et j'aimerais mieux mendier toute ma vie et vivre d'herbes et de racines avec Iseut que, sans elle, être roi d'un beau royaume.

— Sire Tristan, Dieu vous soit en aide, car vous avez perdu ce monde-ci et l'autre. Le traître à son seigneur, on doit l'écarteler avec des chevaux, le brûler sur le bûcher, et là où sa cendre tombe, il ne croît plus d'herbe et le labour reste inutile ; les arbres, la verdure y dépérissent. Tristan, rendez la reine à celui qu'elle a épousé selon la loi de Rome !

— Il l'a donnée à ses lépreux. C'est sur les lépreux que je l'ai

conquise. Désormais, elle est mienne : je ne puis me séparer d'elle, ni elle de moi. »

Ogrin s'était assis ; à ses pieds, Iseut pleurait, la tête sur les genoux de l'homme de Dieu. L'ermite lui redisait les saintes paroles du Livre ; mais, toute pleurante, elle secouait la tête et refusait de le croire.

« Hélas ! dit Ogrin, quel réconfort peut-on donner à des morts ? Repens-toi, Tristan, car celui qui vit dans le péché sans repentir est un mort.

— Non, je vis et ne me repens pas. Nous retournons à la forêt, qui nous protège et nous garde. Viens, Iseut, amie ! »

Iseut se releva ; ils se prirent par les mains. Ils entrèrent dans les hautes herbes et les bruyères ; les arbres refermèrent sur eux leurs branchages ; ils disparurent derrière les frondaisons.

L'été s'en va, l'hiver est venu. Les amants vécurent tapis dans le creux d'un rocher ; et sur le sol, durci, les glaçons hérissaient leur lit de feuilles mortes. Par la puissance de leur amour, ni l'un ni l'autre ne sentit sa misère.

Mais, quand revint le temps clair, ils dressèrent sous les grands arbres leur hutte de branches reverdies. Tristan savait d'enfance l'art de contrefaire le chant des oiseaux des bois ; à son gré, il imitait le loriot, la mésange, le rossignol et toute

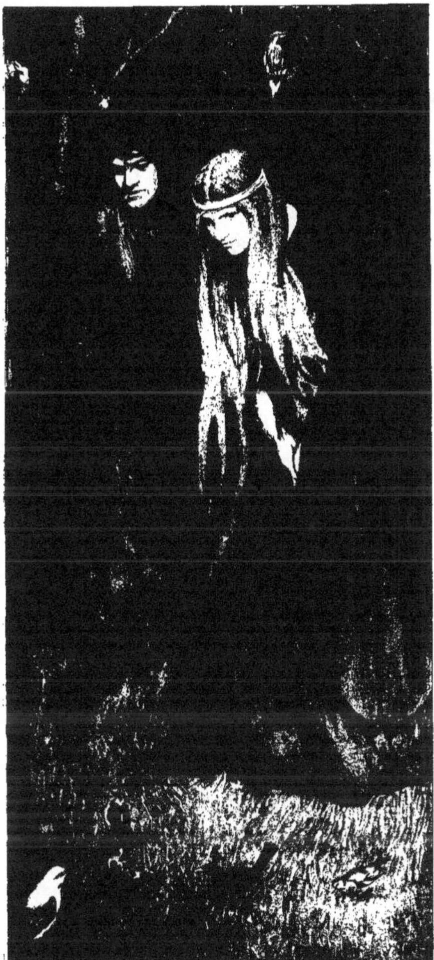

la gent ailée; et parfois, sur les branches de la hutte, venus à son appel, des oiseaux nombreux, le cou gonflé, chantaient leurs lais dans la lumière.

Les amants ne fuyaient plus par la forêt, sans cesse errants : car nul des barons ne se risquait à les poursuivre, connaissant que Tristan les eût pendus aux branches des arbres. Un jour, pourtant, l'un des quatre traîtres, Guenelon, que Dieu maudisse! entraîné par l'ardeur de la chasse, osa s'aventurer aux alentours du Morois. Ce matin-là, sur la lisière de la forêt, au creux d'une ravine, Gorvenal ayant enlevé la selle de son destrier, lui laissait paître l'herbe nouvelle; là-bas, dans la loge de feuillage, sur la jonchée fleurie, Tristan tenait la reine étroitement embrassée, et tous deux dormaient.

Tout à coup, Gorvenal entendit le bruit d'une meute : à grande allure les chiens lançaient un cerf, qui se jeta au ravin. Au loin, sur

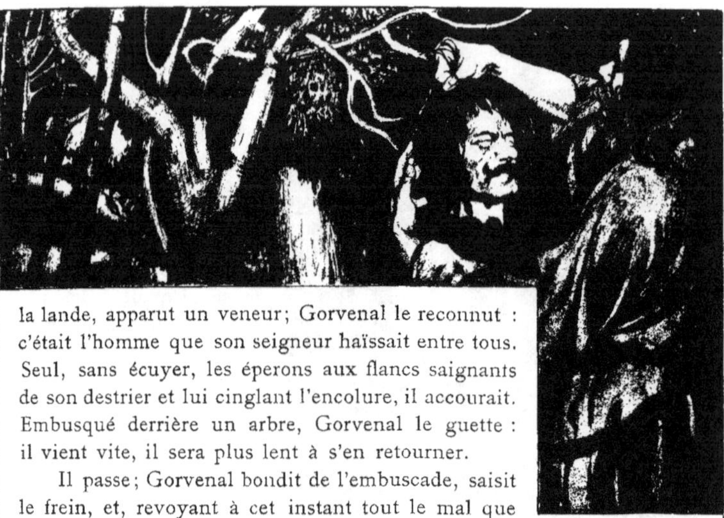

la lande, apparut un veneur; Gorvenal le reconnut : c'était l'homme que son seigneur haïssait entre tous. Seul, sans écuyer, les éperons aux flancs saignants de son destrier et lui cinglant l'encolure, il accourait. Embusqué derrière un arbre, Gorvenal le guette : il vient vite, il sera plus lent à s'en retourner.

Il passe; Gorvenal bondit de l'embuscade, saisit le frein, et, revoyant à cet instant tout le mal que l'homme avait fait, l'abat, le démembre tout, et s'en va, emportant la tête tranchée.

Lorsque les veneurs trouvèrent sous l'arbre le tronc sans tête, éperdus, comme si déjà Tristan les poursuivait, ils s'enfuirent, craignant la mort. Depuis, l'on ne vint plus guère chasser dans ce bois.

Là-bas, dans la loge de feuillée, sur la jonchée fleurie, Tristan et la reine dormaient, étroitement embrassés. Gorvenal y vint sans bruit, la tête du mort à la main. Pour réjouir, au réveil, le cœur de son seigneur, il attacha, par les cheveux, la tête à la fourche de la hutte : la ramée épaisse l'enguirlandait.

Tristan s'éveilla et vit, à demi cachée derrière les feuilles, la tête qui le regardait. Il reconnut Guenelon, il se dressa sur pieds, effrayé.

« Rassure-toi, dit Gorvenal, il est mort. Je l'ai tué de cette épée!

Et Tristan se réjouit : celui qu'il haïssait, Guenelon est occis.

Désormais, nul n'osa plus pénétrer dans la forêt sauvage : l'effroi en garde l'entrée et les amants y sont maîtres. C'est alors que Tristan façonna l'arc « Qui-ne-Faut », lequel atteignait toujours le but, homme ou bête, à l'endroit visé.

Seigneurs, c'était un jour d'été, au temps où l'on moissonne, un peu après la Pentecôte, et les oiseaux à la rosée chantaient l'aube prochaine. Tristan sortit de la hutte, ceignit son épée, apprêta l'arc Qui-ne-Faut et, seul, s'en fut chasser par le bois. Avant que descende le soir, une grande peine lui adviendra. Non, jamais amants ne s'aimèrent tant et ne l'expièrent si durement.

Quand Tristan revint, accablé par la chaleur, il prit la reine entre ses bras :

« Ami, où avez-vous été ?

— Après un cerf qui m'a tout lassé. Vois, la sueur coule de mes membres, je voudrais me coucher et dormir. »

Sous la loge de verts rameaux, jonchée d'herbes fraîches, Iseut s'étendit la première. Tristan se coucha près d'elle et déposa son épée nue entre leurs corps. Pour leur

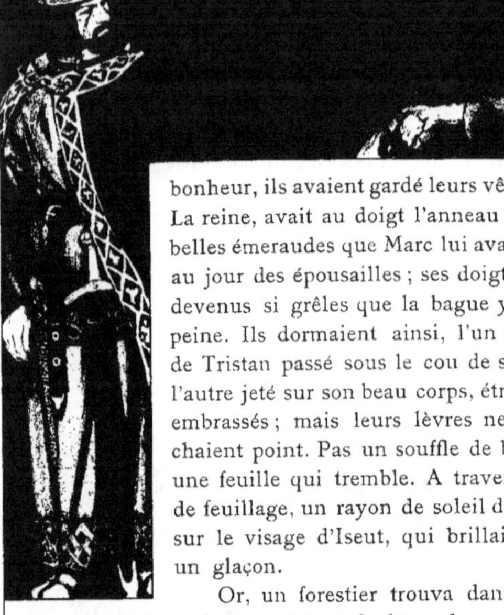

bonheur, ils avaient gardé leurs vêtements. La reine, avait au doigt l'anneau d'or aux belles émeraudes que Marc lui avait donné au jour des épousailles ; ses doigts étaient devenus si grêles que la bague y tenait à peine. Ils dormaient ainsi, l'un des bras de Tristan passé sous le cou de son amie, l'autre jeté sur son beau corps, étroitement embrassés ; mais leurs lèvres ne se touchaient point. Pas un souffle de brise, pas une feuille qui tremble. A travers le toit de feuillage, un rayon de soleil descendait sur le visage d'Iseut, qui brillait comme un glaçon.

Or, un forestier trouva dans le bois une place où les herbes étaient foulées ; les amants s'étaient couchés là ; mais il ne reconnut pas l'empreinte de leurs corps, suivit la trace et parvint à leur gîte. Il les vit qui dormaient, les reconnut, et s'enfuit, craignant le réveil terrible de Tristan. Il s'enfuit jusqu'à Tintagel, monta les degrés de la salle, et trouva le roi, qui tenait ses plaids au milieu des vassaux assemblés.

« Ami, que viens-tu quérir céans, hors d'haleine comme je te vois. On dirait un valet de limiers qui a longtemps couru après les chiens. Veux-tu, toi aussi, nous demander raison de quelque tort ? Qui t'a chassé de ma forêt ? »

Le forestier le prit à l'écart et, tout bas, lui dit :

« J'ai vu la reine et Tristan. Ils dormaient, j'ai pris peur.

— En quel lieu?

— Dans une hutte du Morois. Ils dorment étroitement embrassés. Viens tôt, si tu veux prendre ta vengeance.

— Va m'attendre à l'entrée du bois, au pied de la Croix-Rouge. Ne parle à nul homme de ce que tu as vu : je te donnerai de l'or et de l'argent, tant que tu en voudras prendre. »

Le roi fit seller son cheval, ceignit son épée, et, sans nulle compagnie, s'échappa de la cité. Tout en chevauchant, seul, il se ressouvint de la nuit où il avait saisi son neveu : quelle tendresse avait alors montrée pour Tristan Iseut la Belle, au visage clair! S'il les surprend, il châtira ces grands péchés; il se vengera de ceux qui l'ont honni...

A la Croix-Rouge, il trouva le forestier :

« Va devant; mène-moi vite et droit. »

L'ombre noire des grands arbres les enveloppe. Le roi suit l'espion. Il se fie à son épée, qui jadis a frappé de beaux coups. Ah! si Tristan s'éveille, l'un des deux, Dieu sait lequel! restera mort sur la place. Enfin le forestier dit tout bas :

« Roi, nous approchons. »

Il lui tint l'étrier et lia les rênes du cheval aux branches d'un pommier vert. Ils approchèrent encore, et soudain, dans une clairière ensoleillée, virent la hutte fleurie.

Le roi délace son manteau aux attaches d'or fin, le rejette, et son beau corps apparaît. Il tire son épée hors de la gaine, et redit en son cœur qu'il veut mourir s'il ne les tue. Le forestier le suivait; mais il lui fit signe de s'en retourner.

Il pénètre, seul, sous la hutte, l'épée nue, et la brandit... Ah! quel deuil s'il assène ce coup! Mais il remarqua que leurs bouches ne se touchaient pas et qu'une épée nue séparait leurs corps:

« Dieu! se dit-il; que vois-je ici? Faut-il les tuer? Depuis si longtemps qu'ils vivent en ce bois, s'ils s'aimaient de fol amour, auraient-ils placé cette épée entre eux? Et chacun ne sait-il pas qu'une lame nue, qui sépare deux corps, est garante et gardienne de chasteté? Non, je ne les tuerai pas ; ce serait grand péché de les frapper; mais je ferai qu'à leur réveil ils sachent que je les ai trouvés endormis, que je n'ai pas voulu leur mort, et que Dieu les a pris en pitié. »

Le soleil, traversant la hutte, brûlait la face blanche d'Iseut; le roi prit ses gants parés d'hermine; et les plaça dans la feuillée pour fermer le trou par où le rayon descendait.

Or Iseut eut une vision dans son sommeil : elle était au milieu d'un grand bois. Deux lions s'élançaient sur elle et se battaient pour l'avoir... Elle jeta un cri et s'éveilla : les gants tombèrent sur son sein. Au cri, Tristan s'éveilla, se dressa, voulut ramasser son épée et reconnut, à sa garde d'or, celle du roi. Et la reine vit à son doigt l'anneau de Marc. Elle cria :

« Sire, malheur à nous! Le roi nous a surpris.

— Oui, dit Tristan, il a emporté mon épée; il était seul, il reviendra, nous fera brûler devant tout le peuple. Fuyons!... »

Et à grandes journées, accompagnés de Gorvenal, ils s'enfuirent vers la terre de Galles.

L'ERMITE OGRIN

 trois jours de là, comme Tristan avait longuement suivi les traces d'un cerf blessé, la nuit tomba, et sous le bois obscur il se prit à songer :

« Non, ce n'est point par crainte que le roi nous a épargnés. Il avait pris mon épée, je dormais, j'étais en sa merci, il pouvait frapper. A quoi bon du renfort ? Pour me prendre vif ? S'il le voulait, pourquoi, m'ayant désarmé, m'aurait-t-il laissé sa propre épée ? Ah ! je t'ai reconnu, père : non par peur, mais par tendresse et pitié, tu as voulu nous pardonner. Nous pardonner ? Qui donc pourrait, sans s'avilir, remettre un tel forfait ? Non, il n'a point pardonné, mais il a compris. Il a connu qu'au bûcher, au saut de la chapelle, à l'embuscade contre les lépreux, Dieu nous avait pris en sa sauvegarde. Il s'est alors

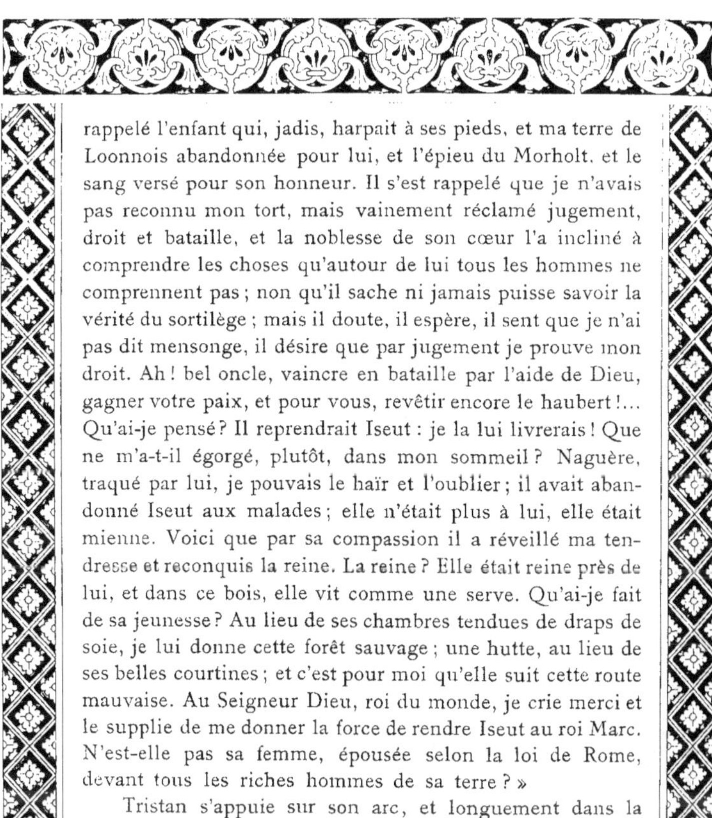

rappelé l'enfant qui, jadis, harpait à ses pieds, et ma terre de Loonnois abandonnée pour lui, et l'épieu du Morholt, et le sang versé pour son honneur. Il s'est rappelé que je n'avais pas reconnu mon tort, mais vainement réclamé jugement, droit et bataille, et la noblesse de son cœur l'a incliné à comprendre les choses qu'autour de lui tous les hommes ne comprennent pas ; non qu'il sache ni jamais puisse savoir la vérité du sortilège ; mais il doute, il espère, il sent que je n'ai pas dit mensonge, il désire que par jugement je prouve mon droit. Ah ! bel oncle, vaincre en bataille par l'aide de Dieu, gagner votre paix, et pour vous, revêtir encore le haubert !... Qu'ai-je pensé ? Il reprendrait Iseut : je la lui livrerais ! Que ne m'a-t-il égorgé, plutôt, dans mon sommeil ? Naguère, traqué par lui, je pouvais le haïr et l'oublier ; il avait abandonné Iseut aux malades ; elle n'était plus à lui, elle était mienne. Voici que par sa compassion il a réveillé ma tendresse et reconquis la reine. La reine ? Elle était reine près de lui, et dans ce bois, elle vit comme une serve. Qu'ai-je fait de sa jeunesse ? Au lieu de ses chambres tendues de draps de soie, je lui donne cette forêt sauvage ; une hutte, au lieu de ses belles courtines ; et c'est pour moi qu'elle suit cette route mauvaise. Au Seigneur Dieu, roi du monde, je crie merci et le supplie de me donner la force de rendre Iseut au roi Marc. N'est-elle pas sa femme, épousée selon la loi de Rome, devant tous les riches hommes de sa terre ? »

Tristan s'appuie sur son arc, et longuement dans la nuit se lamente.

Dans le fourré clos de ronces qui leur servait de gîte, Iseut la Blonde attendait le retour de Tristan. A la clarté d'un rayon de lune, elle vit luire à son doigt l'anneau d'or que Marc y avait glissé. Elle songea :

« Celui qui par belle courtoisie m'a donné cet anneau d'or n'est pas l'homme irrité qui me livrait aux lépreux ; non, c'est le seigneur compatissant qui, du jour ou j'ai abordé sur sa terre, m'accueillit et me protégea. Comme il aimait Tristan ! Mais je suis venue, et qu'ai-je fait? Tristan ne devrait-il pas vivre au palais du roi ? Ne devrait-il pas, chevauchant par les cours et les baronnies, chercher soudées et aventures? Mais pour moi il oublie toute chevalerie, exilé de la cour, pourchassé dans ce bois, menant cette vie sauvage !... »

Elle entendit alors sur les feuilles et les branches mortes s'approcher le pas de Tristan. Elle vint à sa rencontre, comme à son ordinaire, pour lui prendre ses armes. Elle lui enleva des mains l'arc Qui-ne-Faut et ses flèches et dénoua les attaches de son épée.

« Amie, dit

Tristan, c'est l'épée du roi Marc. Elle devait nous égorger, elle nous a épargnés. »

Iseut prit l'épée, baisa sa garde d'or; et Tristan vit qu'elle pleurait.

« Amie, dit-il, si je pouvais faire accord avec le Roi Marc! s'il m'admettait à soutenir par bataille que jamais, ni en fait ni en paroles, je ne vous ai aimée d'amour coupable, tout chevalier depuis le royaume d'Éli jusqu'à la terre de Dureaume qui m'oserait contredire me trouverait armé en champ clos. Puis, si le roi voulait m'éloigner et vous garder, je passerais en Frise ou en Bretagne, avec Gorvenal comme seul compagnon. Mais, partout où j'irais, reine, et toujours, je resterais vôtre. Iseut, je ne songerais pas à cette séparation, n'était la misère que vous supportez pour moi depuis si longtemps en cette terre déserte.

— Tristan, qu'il vous souvienne de l'ermite Ogrin. Retournons vers lui, et puissions-nous crier merci au puissant roi céleste! »

Ils éveillèrent Gorvenal; Iseut monta sur le cheval que Tristan

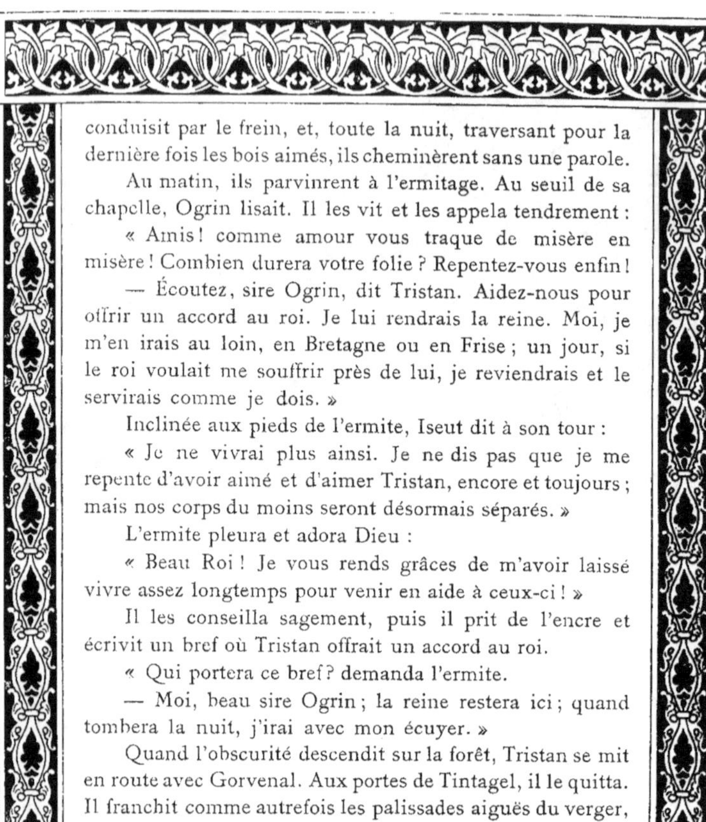

conduisit par le frein, et, toute la nuit, traversant pour la dernière fois les bois aimés, ils cheminèrent sans une parole.

Au matin, ils parvinrent à l'ermitage. Au seuil de sa chapelle, Ogrin lisait. Il les vit et les appela tendrement :

« Amis ! comme amour vous traque de misère en misère ! Combien durera votre folie ? Repentez-vous enfin !

— Écoutez, sire Ogrin, dit Tristan. Aidez-nous pour offrir un accord au roi. Je lui rendrais la reine. Moi, je m'en irais au loin, en Bretagne ou en Frise ; un jour, si le roi voulait me souffrir près de lui, je reviendrais et le servirais comme je dois. »

Inclinée aux pieds de l'ermite, Iseut dit à son tour :

« Je ne vivrai plus ainsi. Je ne dis pas que je me repente d'avoir aimé et d'aimer Tristan, encore et toujours ; mais nos corps du moins seront désormais séparés. »

L'ermite pleura et adora Dieu :

« Beau Roi ! Je vous rends grâces de m'avoir laissé vivre assez longtemps pour venir en aide à ceux-ci ! »

Il les conseilla sagement, puis il prit de l'encre et écrivit un bref où Tristan offrait un accord au roi.

« Qui portera ce bref ? demanda l'ermite.

— Moi, beau sire Ogrin ; la reine restera ici ; quand tombera la nuit, j'irai avec mon écuyer. »

Quand l'obscurité descendit sur la forêt, Tristan se mit en route avec Gorvenal. Aux portes de Tintagel, il le quitta. Il franchit comme autrefois les palissades aiguës du verger, revit le perron de marbre et le grand pin, et s'approcha de la fenêtre derrière laquelle le roi dormait. Il l'appela doucement. Marc s'éveilla.

« Qui es-tu, toi qui m'appelles dans la nuit à pareille heure ?

— Sire, je suis Tristan : je vous apporte un bref ; je le laisse là, sur le grillage de cette fenêtre. Faites attacher votre réponse à la branche de la Croix-Rouge.

— Pour l'amour de Dieu, beau neveu, attends-moi ! »

Mais Tristan avait fui. Il rejoignit son écuyer, et, d'un bond léger, se mit en selle :

« Fou, dit Gorvenal, hâte-toi, fuyons par ce chemin. »

Ils parvinrent enfin à l'ermitage où ils trouvèrent, les attendant, l'ermite qui priait, Iseut qui pleurait.

LE GUÉ AVENTUREUX

Marc fit éveiller son chapelain et lui tendit la lettre. Le clerc brisa la cire et salua d'abord le roi au nom de Tristan; puis, ayant habilement déchiffré les paroles écrites, il lui rapporta ce que Tristan lui mandait. Marc l'écouta sans mot dire et se réjouissait grandement en son cœur, car il aimait encore la reine.

Il convoqua nommément les plus prisés de ses barons, et, quand ils furent tous assemblés, ils firent silence et le roi parla :

« Seigneurs, j'ai reçu ce bref. Je suis roi sur vous et vous êtes mes féaux. Écoutez les choses qui me sont mandées; puis, conseillez-moi, je vous en requiers, puisque vous me devez le conseil. »

Le chapelain se leva, délia le bref de ses deux mains, et, debout :

— « Seigneurs, dit-il, Tristan mande d'abord salut et amour au roi et à toute sa baronnie. Roi, ajoute-t-il, quand j'ai tué le dragon et conquis la fille du roi d'Irlande, c'est à moi qu'elle fut donnée ; j'étais maître de la garder, mais je ne l'ai point voulu : je te l'ai livrée. Pourtant, à peine l'avais-tu prise pour femme, des félons te firent accroire leurs mensonges. En votre colère, bel oncle, mon seigneur, vous avez voulu nous faire brûler sans jugement. Mais Dieu a été pris de compassion : Nous l'avons supplié, il a sauvé la reine, et ce fut justice ; moi aussi, en me précipitant d'un rocher élevé, j'échappai par la puissance de Dieu. Qu'ai-je fait depuis que l'on puisse blâmer ? La reine était livrée aux malades, je suis venu à la rescousse, je l'ai emportée : pouvais-je donc manquer en ce besoin à celle qui avait failli mourir, innocente, à cause de moi ? J'ai fui avec elle par les bois : pouvais-je donc, pour vous la rendre, sortir de la forêt et descendre dans la plaine ? n'aviez-vous pas commandé qu'on nous prît morts ou vifs ? Mais, aujourd'hui comme alors, je suis prêt, beau sire, à donner mon gage et à soutenir contre tout venant par bataille que jamais la reine n'eut pour moi, ni moi pour la reine, d'amour qui vous fût une offense. Ordonnez le combat : je ne récuse nul adversaire, et, si je ne puis prouver mon droit, faites-moi brûler devant vos hommes. Mais si je triomphe et qu'il vous plaise de reprendre Iseut au clair visage, nul de vos barons ne vous servirait mieux que moi ; si pourtant vous n'avez cure de mon service, j'irai m'offrir au roi de Ganoie ou au roi de Frise, et vous n'entendrez plus jamais parler de moi. Sire, prenez conseil, et, si vous ne consentez à nul accord, je ramènerai Iseut en Irlande, où je l'ai prise ; elle sera reine en son pays. »

Quand les barons cornouaillais entendirent que Tristan leur offrait la bataille, ils dirent tous au roi :

« Sire, reprends la reine : ce sont des insensés qui l'ont calomniée auprès de toi. Quant à Tristan, qu'il s'en aille, ainsi qu'il l'offre, guerroyer en Ganoie ou près du roi de Frise. Mande-lui de te ramener Iseut, à tel jour et bientôt. »

Le roi demanda par trois fois :

« Nul ne se lève-t-il pour accuser Tristan? »

Tous se taisaient. Alors, il dit au chapelain :

« Faites donc un bref au plus vite ; vous avez ouï ce qu'il y faut mettre; hâtez-vous de l'écrire : Iseut n'a que trop souffert en ses jeunes années ! Et que la charte soit suspendue à la branche de la Croix-Rouge avant ce soir ; faites vite ! »

Vers la mi-nuit, Tristan traversa la Blanche-Lande, trouva le bref et l'apporta scellé à l'ermite Ogrin. L'ermite lui lut les lettres : Marc consentait, sur le conseil de ses barons, à reprendre Iseut, mais non à garder Tristan comme soudoyer ; pour Tristan, il lui faudrait passer la mer, quand, à trois jours de là, au Gué Aventureux, il aurait remis la reine entre les mains de Marc.

« Dieu ! dit Tristan, quel deuil de vous perdre, amie ! Il le faut, pourtant, puisque la souffrance que vous supportiez à cause de moi, je puis vous l'épargner maintenant. Quand viendra l'instant de nous séparer, je vous donnerai un présent, gage de mon amour. Du pays inconnu où je vais, je vous enverrai un messager; il me redira votre désir, amie, et, au premier appel, de la terre lointaine, j'accourrai. »

Iseut soupira et dit :

— « Tristan, laisse-moi Husdent, ton chien. Quand je le verrai, je me souviendrai de toi et je serai moins triste. Ami, j'ai un anneau de jaspe vert, prends-le pour l'amour de moi, porte-le à ton doigt; si jamais un messager prétend venir de ta part, je ne le croirai pas, quoi qu'il fasse ou qu'il dise, tant qu'il ne m'aura pas montré cet anneau. Mais, dès que je l'aurai vu, nul pouvoir, nulle défense royale, ne m'empêcheront de faire ce que tu m'auras mandé, que ce soit sagesse ou folie.

— Amie, je vous donne Husdent.

— Ami, prenez cet anneau en récompense. »

Et tous deux se baisèrent sur les lèvres.

Or, laissant les amants à l'ermitage, Ogrin avait cheminé sur sa béquille jusqu'au Mont : il y acheta du vair, de l'hermine, des draps de soie, de pourpre et d'écarlate, et encore un palefroi harnaché d'or, qui allait l'amble doucement. Les gens riaient à le voir disperser pour ces achats ses deniers dès longtemps amassés; mais le vieil homme chargea sur le palefroi les riches étoffes et revint auprès d'Iseut :

« Reine, acceptez ces présents, afin que vous soyez plus belle le jour où vous irez au Gué Aventureux.

Pourtant, le roi faisait crier par la Cornouaille la nouvelle qu'à trois jours de là, au Gué Aventureux, il ferait accord avec la reine. Dames et chevaliers se rendirent en foule à cette assemblée ; tous désiraient revoir la reine, tous l'aimaient, sauf les trois félons qui survivaient encore.

Au jour marqué pour l'assemblée, la prairie brillait au loin, toute parée des riches tentes des barons. Soudain, Tristan et Iseut apparurent au seuil de la forêt et virent au loin, parmi ses barons, le roi Marc.

« Amie, dit Tristan, voici le roi votre seigneur, ses chevaliers et ses soudoyers ; ils viennent vers nous ; dans un instant nous ne pourrons plus nous parler. Par le Dieu puissant, je vous conjure : si jamais je vous adresse un message, faites ce que je vous manderai !

— Ami Tristan, dès que j'aurai revu l'anneau de jaspe vert, ni tour, ni mur, ni fort château, ne m'empêcheront de faire la volonté de mon ami.

— Iseut, que Dieu t'en sache gré ! »

Leurs deux chevaux marchaient côte à côte : il l'attira vers lui et la tint pressée entre ses bras.

« Ami, dit Iseut, entends ma dernière prière : tu vas quitter ce pays ; attends du moins quelques jours ; cache-toi, tant que tu saches comment me traite le roi, dans sa colère ou sa bonté !... J'ai peur ! Ami, le forestier Orri t'hébergera secrètement ; glisse-toi la nuit jusqu'au cellier ruiné : j'y enverrai Perinis te dire si nul me maltraite.

— Amie, nul n'osera. Je resterai caché chez Orri : quiconque te fera outrage, qu'il se gare de moi comme de l'Ennemi. »

Les deux troupes s'étaient assez rapprochées pour échanger leurs saluts. A une portée d'arc en avant des siens, le roi chevauchait hardiment ; avec lui, Dinas de Lidan.

Quand les barons l'eurent rejoint, Tristan, tenant par les rênes le palefroi d'Iseut, salua le roi et dit :

« Roi, je te rends Iseut la Blonde. Devant les hommes de ta terre, je te requiers de m'admettre à me défendre en ta cour. Jamais je n'ai été jugé. Fais que je me justifie par bataille : vaincu, brûle-moi dans le soufre ; vainqueur, retiens-moi près de toi ; ou, si tu ne veux pas me retenir, je m'en irai vers un pays lointain. »

Nul n'accepta le défi de Tristan. Alors, Marc prit, à son tour, le palefroi d'Iseut par les rênes, et, la confiant à Dinas, se mit à l'écart pour prendre conseil.

Joyeux, Dinas fit à la reine maint honneur et mainte courtoisie. Il lui ôta sa chape d'écarlate somptueuse et son corps gracieux apparut sous la tunique fine et le grand bliaut de soie.

Quand les félons la virent belle et honorée comme jadis, irrités, ils chevauchèrent vers le roi.

« Roi, écoute le conseil que nous te donnons. On a médit de la reine, à tort, nous l'accordons ; mais si Tristan et elle rentrent ensemble à ta cour, on en parlera de nouveau. Laisse plutôt Tristan s'éloigner quelque temps ; un jour, sans doute, tu le rappelleras. »

Marc fit ainsi : il fit mander à Tristan par ses barons de s'éloigner sans délai. Alors, Tristan vint vers la reine et lui dit adieu. Ils se regardèrent. La reine eut honte à cause de l'assemblée et rougit.

Mais le roi eut pitié, et, parlant à son neveu pour la première fois, lui dit :

« Où iras-tu, sous ces haillons? Prends dans mon trésor ce que tu voudras, or, argent, vair et gris.

— Roi, dit Tristan, je n'y prendrai ni un denier, ni une maille. Comme je pourrai, j'irai servir à grand'joie le riche roi de Frise. »

Il tourna bride et descendit vers la mer. Iseut le suivit du regard, et, si longtemps qu'elle put l'apercevoir au loin, ne se détourna pas.

A la nouvelle de l'accord, grands et petits, hommes, femmes et enfants accoururent en foule hors de la ville à la rencontre d'Iseut ; et, menant grand deuil de l'exil de Tristan, ils faisaient fête à leur reine retrouvée. Au bruit des cloches, par les rues bien jonchées, encourtinées de soie, le roi, les comtes et les princes lui firent cortège ; les portes du palais s'ouvrirent à tous venants ; riches et pauvres purent s'asseoir et manger, et, pour célébrer ce jour, Marc, ayant affranchi cent de ses serfs, donna l'épée et le haubert à vingt écuyers qu'il arma de sa main.

Cependant, la nuit venue, comme il l'avait promis à la reine, Tristan se glissa chez le forestier Orri, qui l'hébergea secrètement dans le cellier ruiné.

LE JUGEMENT PAR LE FER ROUGE

Bientot, Denoalen, Andret et Gondoïne se crurent en sûreté : sans doute, Tristan traînait sa vie outre la mer, en pays trop lointain pour les atteindre. Donc, un jour de chasse, comme le roi, écoutant les abois de sa meute, retenait son cheval au milieu d'un essart, tous trois chevauchèrent vers lui :

« Roi, entends notre parole. Tu avais condamné la reine sans jugement, et c'était forfaire ; aujourd'hui tu l'absous sans jugement ; n'est-ce pas forfaire encore ? Jamais elle ne s'est justifiée, et les barons de ton pays vous en blâment tous deux. Conseille-lui plutôt de réclamer elle-même le jugement de Dieu. Que lui en coûtera-t-il, innocente, de jurer sur les ossements des saints qu'elle n'a jamais failli ? innocente, de saisir un fer rougi au feu ? Ainsi le veut la coutume, et par cette facile épreuve seront à jamais dissipés les soupçons anciens. »

Marc irrité répondit :

« Que Dieu vous détruise, seigneurs cornouaillais, vous qui sans répit cherchez ma honte ! Pour vous j'ai chassé mon neveu ; qu'exigez-vous encore ? que je chasse la reine en Irlande ? Quels sont vos griefs nouveaux ? Contre les anciens griefs, Tristan ne s'est-il pas offert à la défendre ? Pour la justifier, il vous a présenté la bataille et vous l'entendiez tous : que n'avez-vous pris contre lui vos écus et vos lances ?

- Sire, nous vous donnions loyal conseil, pour votre honneur, comme il sied à vos féaux ; mais nous nous tairons désormais. Oubliez votre courroux, et rendez-nous votre paix ! »

Mais Marc se dressa sur ses arçons :

« Hors de ma terre, félons ! vous n'aurez plus ma paix. Pour vous j'ai chassé Tristan ; à votre tour, hors de ma terre !

— Soit, beau sire ! nos châteaux sont forts, bien clos de pieux, sur des rocs rudes à gravir ! »

Et, sans le saluer, ils tournèrent bride.

Sans attendre liniers ni veneurs, Marc poussa son cheval vers Tintagel, monta les degrés de la salle et la reine entendit son pas pressé retentir sur les dalles.

Elle se leva, vint à sa rencontre, lui prit son épée, comme elle avait coutume, et s'inclina jusqu'à ses pieds. Marc la retint par les mains et la relevait, quand Iseut, haussant vers lui son regard, vit ses nobles traits tourmentés par la colère : tel il lui était apparu jadis, cruel, devant le bûcher.

« Ah ! pensa-t-elle, mon ami est découvert ; le roi l'a pris ! »

Son cœur se refroidit dans sa poitrine, et sans une parole, elle s'abattit aux pieds du roi.

Il la prit dans ses bras et la baisa doucement ; peu à peu elle se ranimait :

« Amie, amie, quel mal vous tourmente ?

— Sire, j'ai peur ; je vous ai vu si courroucé !

— Oui, je revenais irrité de cette chasse.

— Ah ! seigneur, si vos veneurs vous ont marri, vous sied-il de prendre tant à cœur des fâcheries de chasse ? »

Marc sourit de ce propos :

« Non, amie, mes veneurs ne m'ont pas irrité ; mais trois félons, qui, dès longtemps, nous haïssent ; tu les connais, Andret, Denoalen et Gondoïne ; je les ai chassés de ma terre.

— Sire, quel mal ont-ils osé dire de moi ?

— Que t'importe ? Je les ai chassés.

— Sire, chacun a le droit de dire sa pensée. Mais j'ai le droit aussi de connaître le blâme jeté sur moi. Et de qui l'apprendrais-je, sinon de vous ? Seule en ce pays étranger, je n'ai personne, hormis vous, sire, pour me défendre.

— Soit. Ils prétendaient donc qu'il te convient de te justifier par le serment et par l'épreuve du fer rougi. « La reine, disaient-ils, ne devrait-elle pas requérir elle-même tel jugement ? Ces épreuves sont légères à qui se sait innocent. Que lui en coûterait-il ?... Dieu est vrai juge ; il dissiperait à jamais les griefs anciens... » Voilà ce qu'ils prétendaient. Mais laissons ces choses. Je les ai chassés, te dis-je. »

Iseut frémit ; elle regarda le roi :

« Sire, mandez-leur de revenir. Je me justifierai par serment.

Mais je requiers que d'ici au jour fixé vous mandiez au roi Artur de chevaucher avec monseigneur Gauvain, avec Girflet, Ké le sénéchal, et cent de ses chevaliers jusqu'à la marche de votre terre, à la Blanche-Lande, sur la rive du fleuve qui sépare vos royaumes. C'est là, devant eux, que je veux faire le serment, et non devant vos seuls barons : car à peine aurais-je juré, vos barons vous requerraient encore de m'imposer nouvelle épreuve, et jamais nos tourments ne finiraient. Mais ils n'oseront, si Artur et ses chevaliers sont les garants du jugement. »

Tandis que se hâtaient vers Carduel les hérauts d'armes, messagers de Marc auprès du roi Artur, secrètement Iseut envoya vers Tristan son valet Perinis le Blond, le Fidèle.

Perinis courut sous les bois, évitant les sentiers frayés, tant qu'il atteignit la cabane d'Orri le forestier où, depuis de longs jours, Tristan l'attendait. Perinis lui rapporta les choses advenues, la nouvelle félonie, le terme du jugement, l'heure et le lieu marqués :

« Sire, ma dame vous mande qu'au jour fixé, sous une robe de pèlerin, si habilement déguisé que nul ne vous reconnaisse, sans armes, vous soyez à la Blanche-Lande ; il lui faut, pour atteindre au lieu du jugement, passer le fleuve en barque ; sur la rive opposée, là où seront les chevaliers du roi Artur, vous l'attendrez. Sans doute, alors vous pourrez lui porter aide. Ma dame redoute le jour du jugement : pourtant elle se fie en la courtoisie de Dieu.

— Retourne vers la reine, ami Perinis; dis-lui que je ferai sa volonté. »

Or, seigneurs, quand Perinis s'en retourna vers Tintagel, il advint qu'il aperçut dans un fourré le même forestier qui naguère avait surpris et dénoncé les amants endormis. L'homme, ayant creusé dans la terre un trou profond, le recouvrait de branchages, pour y prendre loups et sangliers. Il vit s'élancer sur lui le valet de la reine et voulut fuir; mais Perinis l'accula sur le bord du piège. Son bâton tournoya dans l'air. Le bâton et le crâne se brisèrent à la fois, et Perinis poussa du pied le corps dans la fosse couverte de branches.

Au jour marqué pour le jugement, le roi Marc, Iseut et les barons de Cornouaille se trouvèrent devant le fleuve, et, de l'autre rive, les chevaliers d'Artur les saluèrent.

Devant eux, assis sur la berge, un pèlerin miséreux, enveloppé dans sa chape, tendait sa sébille de bois et demandait l'aumône.

A force de rames, quand les barques de Cornouaille furent près d'atterrir, Iseut demanda aux chevaliers qui l'entouraient :

« Seigneurs, comment atteindrai-je à la terre ferme sans souiller mes longs vêtements dans cette fange? Il me faudrait un passeur. »

L'un des chevaliers héla le pèlerin.

« Ami, retrousse ta chape, descends dans l'eau et porte la reine, si pourtant tu ne crains pas de fléchir à mi-route. »

L'homme prit la reine dans ses bras. Elle lui dit tout bas : « Ami ! » Puis, tout bas encore : « Laisse-toi choir sur le sable. »

Parvenu au rivage, il trébucha et tomba, tenant la reine pressée entre ses bras.

Écuyers et mariniers saisissant les rames et les gaffes, pourchassaient le pauvre hère.

« Laissez-le, dit la reine ; sans doute un long voyage l'a affaibli. »

Et détachant un fermail d'or fin, elle le jeta au pèlerin.

Devant le pavillon d'Artur, un riche drap de soie de Nicée était tendu sur l'herbe verte, et les reliques des saints, retirées des écrins et des châsses, y étaient déjà disposées. Monseigneur Gauvain, Girflet et Ké le sénéchal les gardaient.

La reine ayant supplié Dieu, retira les joyaux de son cou et de ses mains, et les donna aux pauvres mendiants ; elle détacha son manteau de pourpre et sa guimpe fine, et les donna ; elle donna son chainse et son bliaut et ses chaussures enrichies de pierreries.

Elle garda seulement sur son corps une tunique sans manches, et, les bras et les pieds nus, s'avança devant les deux rois.

A l'entour, les barons la contemplaient en silence, et pleuraient. Près des reliques brûlait un brasier. Tremblante, elle étendit la main droite vers les ossements des saints et dit :

« Roi de Logres et roi de Cornouaille, sire Gauvin, sire Ké, sire Girflet, et vous tous qui serez mes garants, par ces corps saints et

par tous les corps saints qui sont en ce monde, je jure que jamais un homme né de femme ne m'a tenue entre ses bras, hormis le roi Marc, mon seigneur, et le pauvre pèlerin qui, tout à l'heure, s'est laissé choir à vos yeux. Roi Marc, ce serment convient-il ?

— Oui, reine, et que Dieu manifeste son vrai jugement !

— Amen ! » dit Iseut.

Elle s'approcha du brasier, pâle et chancelante. Tous se taisaient ; le fer était rouge. Alors elle plongea ses bras nus dans la braise, saisit la barre de fer, marcha neuf pas en la portant, puis l'ayant rejetée, étendit ses bras en croix, les paumes ouvertes. Et chacun put voir que sa chair était plus saine que prune de prunier.

Alors, de toutes les poitrines un grand cri de louange monta vers Dieu.

TROISIÈME
PARTIE

LE GRELOT MERVEILLEUX

UAND Tristan, rentré dans la cabane du forestier Orri, eut rejeté son bourdon et dépouillé sa chape de pèlerin, il connut clairement en son cœur que le jour était venu de tenir la foi jurée au roi Marc et de s'éloigner du pays de Cornouaille.

Trois jours encore, il tarda, ne pouvant se déprendre du pays où vivait la reine. Mais, quand vint le quatrième jour, il prit congé du forestier qui l'avait hébergé et dit à Gorvenal : « Maître, voici l'heure du départ. »

Il se réfugia en Galles, sur la terre du noble duc Gilain. Le duc était jeune, puissant, débonnaire, il l'accueillit comme un hôte bienvenu.

Pour lui faire honneur et joie, il n'épargna nulle peine ; mais ni les aventures ni les fêtes ne purent apaiser l'angoisse de Tristan.

Un jour qu'il était assis aux côtés du jeune duc, son cœur était si douloureux qu'il soupirait sans même s'en apercevoir. Le duc, pour adoucir sa peine, commanda d'apporter dans sa chambre privée son jeu favori qui, par sortilège, aux heures tristes, charmait ses yeux et son cœur. Sur une table recouverte d'une pourpre noble et riche, on plaça son chien Petit-Crû. C'était un chien enchanté : il venait au duc de l'île d'Avallon ; une fée le lui avait envoyé comme un présent d'amour. Nul ne saurait par des paroles assez habiles décrire sa nature et sa beauté. Il portait au cou, suspendu à une chaînette d'or, un grelot au tintement si gai, si clair, si doux, qu'à l'ouïr le cœur de Tristan s'attendrit, et que sa peine se fondit. Il ne lui souvint plus des misères endurées pour la reine ; car telle était la merveilleuse vertu du grelot : le cœur, à l'entendre sonner si gai, si clair, si doux, oubliait toute peine. Et tandis que Tristan, ému par le sortilège, caressait la petite bête enchantée qui lui prenait tout son chagrin et dont la robe, au toucher de sa main, semblait plus douce qu'une étoffe de samit, il songeait que ce serait là un beau présent pour Iseut. Mais que faire ? Le duc Gilain aimait Petit-Crû par-dessus toute chose, et nul n'aurait pu l'obtenir de lui, ni par ruse, ni par prière. Un jour, il dit au duc :

« Sire, que donneriez-vous à qui délivrerait votre terre du géant Urgan le Velu, qui réclame de vous de lourds tributs ?

— En vérité, je donnerais à choisir à son vainqueur, parmi mes richesses ; mais nul n'osera s'attaquer au géant.

— Voilà merveilleuses paroles, reprit Tristan. Le bien en vérité ne vient jamais dans un pays que par les aventures, et, pour tout l'or de Milan, je ne renoncerais à mon désir de le combattre. »

Tristan atteignit Urgan le Velu dans son repaire. Longtemps ils combattirent furieusement. Enfin la prouesse triompha de la force, et Tristan, ayant tranché le poing droit du géant, le rapporta au duc.

« Sire, en récompense, ainsi que vous l'avez promis, donnez-moi Petit-Crû, votre chien enchanté ! C'est pour gagner votre chien-fée que j'ai attaqué Urgan le Velu. Souvenez-vous de votre promesse !

— Prends-le donc ; mais sache que tu m'as enlevé la joie de mes yeux et la gaieté de mon cœur ! »

Tristan confia le chien enchanté à un jongleur de Galles, sage et rusé, qui le porta en Cornouaille. Il parvint à Tintagel et le remit secrètement à Brangien. La reine s'en réjouit grandement, donna en récompense dix marcs d'or au jongleur et dit au roi que la reine

d'Irlande, sa mère, lui envoyait ce cher présent. Elle fit ouvrer pour lui, par un orfèvre, une niche précieusement incrustée d'or et de pierreries; et partout où elle allait, le portait avec elle, en souvenir de son ami. Et chaque fois qu'elle le regardait, tristesse, angoisse, regrets s'effaçaient de son cœur.

Elle ne comprit pas d'abord la merveille : si elle trouvait une telle douceur à le contempler, c'était, pensait-elle, parce qu'il lui venait de Tristan ; c'était, sans doute, la pensée de son ami qui endormait ainsi sa peine. Mais un jour elle connut que c'était un sortilège, et que seul le tintement du grelot charmait son cœur.

« Ah ! pensa-t-elle, convient-il que je connaisse le réconfort, tandis que Tristan est malheureux ? Il aurait pu garder ce chien enchanté et oublier ainsi toute douleur; par belle courtoisie, il a mieux aimé me l'envoyer, me donner sa joie et reprendre sa misère. Ami, je veux souffrir aussi longtemps que tu souffriras. »

Elle prit le grelot magique, le fit tinter une dernière fois, le détacha doucement ; puis, par la fenêtre ouverte, elle le lança dans la mer.

ISEUT AUX BLANCHES MAINS

ES amants ne pouvaient vivre ni mourir l'un sans l'autre. Séparés, ce n'était pas la vie, ni la mort, mais la vie et la mort à la fois.

Par les mers, les îles et les pays, Tristan voulut fuir sa misère. Il revit son pays de Loonnois, où Rohalt le Foi-Tenant reçut son fils avec des larmes de bonheur; mais, ne pouvant supporter de vivre dans le repos de sa terre, Tristan s'en fut par les duchés et les royaumes, cherchant les aventures. Du Loonnois en Frise, de Frise en Ganoie, d'Allemagne en Espagne, il servit maints seigneurs, acheva maintes emprises. Mais, pendant deux années, nulle nouvelle ne lui vint de la Cornouaille, nul ami, nul messager. Alors il crut qu'Iseut s'était déprise de lui et qu'elle l'oubliait.

Or, il advint qu'un jour, chevauchant avec le seul Gorvenal, il entra sur la terre de Bretagne. Ils traversèrent une plaine dévastée : partout des murs ruinés, des villages sans habitants, des champs

essartés par le feu. Sur la lande déserte, Tristan songea :

« Je suis las et recru. De quoi me servent ces aventures. Ma dame est au loin, jamais je ne la reverrai. Depuis deux années, que ne m'a-t-elle fait quérir par les pays ? Pas un message d'elle. A Tintagel, le roi l'honore et la sert ; elle vit en joie. Certes, le grelot du chien enchanté accomplit bien son œuvre ! Elle m'oublie, et peu lui chaut des deuils et des joies d'antan ; peu lui chaut du chétif qui erre par ce pays désolé. A mon tour, n'oublierai-je jamais celle qui m'oublie ? »

Au troisième jour, à l'heure de none, Tristan et Gorvenal approchèrent d'une colline où se dressait une vieille chapelle, et tout auprès l'habitacle d'un ermite. Tristan demanda quelle

était cette terre ruinée :

« Beau seigneur, dit l'ermite, c'est la terre de Bretagne, que tient le duc Hoël. C'était naguères un beau pays, riche en prairies et en terres de labour. Mais le comte Riol de Nantes y a fait le dégât; car sachez, seigneur, que Riol était le vassal du duc Hoël. Or, le duc a une fille, belle entre toutes les filles de roi, et le comte Riol voulait la prendre à femme. Mais son père refusa de la donner à un vassal, et le comte Riol a tenté de l'enlever par la force. Bien des hommes sont morts pour cette querelle. »

Tristan demanda :

« Le duc Hoël peut-il encore soutenir sa guerre?

— A grand'peine, seigneur. Pourtant, son dernier château, Carhaix, résiste encore, car les murailles en sont fortes, et fort est le cœur du fils du duc Hoël, Kaherdin, le bon chevalier. Mais l'ennemi les presse et les affame : pourront-ils tenir longtemps? »

Tristan demanda à quelle distance était le château de Carhaix.

« Sire, à deux milles seulement. »

Ils se séparèrent et dormirent. Au matin, après que l'ermite eut chanté et qu'ils eurent partagé le pain d'orge et de cendre, Tristan prit congé du prud'homme, et chevaucha vers Carhaix.

Quand il s'arrêta au pied des murailles closes, il vit une troupe d'hommes debout derrière un créneau et demanda le duc. Hoël se trouvait parmi ces hommes avec son fils Kaherdin. Il se fit connaître, et Tristan lui dit :

« Je suis Tristan, roi de Loonnois, et Marc, le roi de Cornouaille, est mon oncle. J'ai su, seigneur, que vos vassaux vous faisaient tort, et je suis venu pour vous offrir mon service.

— Hélas! sire Tristan, passez votre voie et que Dieu vous récompense! Comment vous accueillir céans? Nous n'avons plus de vivres; point de blé, rien que des fèves et de l'orge pour subsister.

— Qu'importe, dit Tristan. J'ai vécu dans une forêt, pendant deux ans, d'herbes, de racines et de venaison, et sachez que je trouvais bonne cette vie. Commandez qu'on m'ouvre cette porte. »

Ils l'accueillirent avec honneur. Kaherdin lui fit visiter les fortes murailles et la tour maîtresse, bien flanquée de bretèches palissadées où s'embusquaient les arbalétriers. Des créneaux, il lui fit voir dans la plaine, au loin, les tentes et les pavillons plantés par le duc Riol.

Quand ils furent revenus au seuil du château, il dit à Tristan :

« Or, bel ami, nous monterons à la salle où sont ma mère et ma sœur. »

Tous deux, se tenant par la main, entrèrent dans la chambre des femmes. La mère et la fille, assises sur une coute pointe, paraient d'orfrois un paile d'Angleterre et chantaient une chanson de toile : elles disaient comment Belle Doette, assise au vent sous l'épine blanche, attend et regrette Doon son ami, si lent à venir. Tristan les salua et elles le saluèrent, puis les deux chevaliers s'assirent auprès d'elles. Kaherdin, montrant l'étole que brodait sa mère :

« Voyez, dit-il, bel ami Tristan, quelle ouvrière est ma dame : comme elle sait à merveille orner étoles et chasubles, pour en faire aumône aux moutiers pauvres ! et comme les mains de ma sœur font courir les fils d'or sur ce paile blanc ! Par foi, belle sœur, c'est à droit que vous avez nom Iseut aux Blanches Mains ! »

Alors, Tristan, connaissant qu'elle s'appelait Iseut, sourit et la regarda plus doucement.

Dès le lendemain, Tristan, Kaherdin, et douze jeunes chevaliers sortirent de Carhaix et chevauchèrent sous des bois de sapin jusqu'aux approches des tentes ennemies ; puis, s'élançant de l'aguet, ils enlevèrent par force un charroi du comte Riol. A partir de ce jour, variant maintes fois ruses et prouesses, ils culbutaient ses tentes mal gardées, attaquaient ses convois, navraient et tuaient ses hommes, et jamais ils ne rentraient dans Carhaix sans y ramener quelque proie. Par là, Tristan et Kaherdin commencèrent à se porter foi et tendresse, tant qu'ils se jurèrent amitié et compagnonnage, et jamais ils ne faussèrent cette parole, comme l'histoire vous l'apprendra.

Or, tandis qu'ils revenaient de ces chevauchées, parlant de chevalerie et de courtoisie, souvent Kaherdin louait à son cher compagnon sa sœur Iseut aux Blanches Mains, la simple, la belle.

Un matin, comme l'aube venait de crever, un guetteur descendit en hâte de sa tour, et courut par les salles, en criant :

« Seigneurs, vous avez trop dormi ! Levez-vous, Riol vient faire l'assaillie ! »

Chevaliers et bourgeois s'armèrent et coururent aux murailles : ils virent dans la plaine briller les heaumes, flotter les pennons de cendal, et tout l'ost de Riol qui s'avançait en bel arroi. Le duc Hoël et Kaherdin déployèrent aussitôt devant les portes les premières batailles de chevaliers. Arrivés à la portée d'un arc, ils brochèrent les chevaux, lances baissées, et les flèches tombaient sur eux comme pluie d'avril.

Mais Tristan s'armait à son tour, avec ceux que le guetteur avait réveillés les derniers. Il lace ses chausses, passe le bliaut, les houses étroites et les éperons d'or, il endosse le haubert, fixe le heaume sur la ventaille; il monte, éperonne son cheval jusque dans la plaine et paraît, l'écu dressé contre la poitrine, en criant: « Carhaix! » Il était temps: déjà le duc Riol s'élançait contre Kaherdin, le frein abandonné. Mais Tristan lui barra le passage. Quand ils se heurtèrent, la lance de Tristan se rompit dans ses mains et celle de Riol, rencontrant le poitrail de l'autre cheval, pénétra dans les chairs et l'étendit mort sur le pré. Tristan, aussitôt relevé, l'épée fourbie à la main: « Couard, dit-il, la male mort à qui laisse le maître pour navrer le cheval! Tu ne sortiras pas vivant de ce lieu. » — « Je crois que vous mentez! » répondit Riol en poussant sur lui son destrier. Mais Tristan esquiva l'atteinte, et, levant le bras, fit lourdement tomber sa bonne lame sur le heaume de Riol, dont il embarra le cercle et emporta le nasal. La lance glissa de l'épaule du chevalier au flanc du cheval, qui chancela et s'abattit à son tour. Riol parvient à s'en débarrasser et se redresse; à pied tous deux, l'écu troué, fendu, le haubert démaillé, ils se requièrent et s'assaillent; enfin Tristan frappe Riol sur l'escarboucle de son heaume. Le cercle cède et le coup était si fortement asséné que le baron tomba sur les genoux et sur les mains. Riol se remet en pieds, mais Tristan l'abat encore d'un coup qui fendit le heaume, trancha la coiffe et découvrit le crâne. Riol implora merci et demanda la vie sauve, et Tristan reçut son épée. Il promit de se rendre en la prison du duc Hoël, de lui jurer de nouveau hommage et foi, de restaurer les bourgs et les villages brûlés. Par son ordre, la bataille s'apaisa, et son ost s'éloigna, déconfit.

Quand les vainqueurs furent rentrés dans Carhaix, Kaherdin dit à son père :

« Sire, mandez Tristan, et retenez-le ; il n'est pas de meilleur chevalier, et votre pays a besoin d'un baron de telle prouesse. »

RE

Ayant pris le conseil de ses hommes, le duc Hoël dit à Tristan :

« Ami, je ne saurais trop vous aimer, car vous m'avez conservé cette terre. Je veux m'acquitter envers vous. Ma fille, Iseut aux Blanches Mains, est née de ducs, de rois et de reines. Prenez-la, je vous la donne.

— Sire, je la prends », dit Tristan.

Jour est pris, terme fixé. Le duc vient avec ses amis, Tristan avec les siens. Le chapelain chante la messe. Devant tous, à la porte du moutier, selon la loi de sainte église, Tristan épouse Iseut aux Blanches Mains. Les noces furent grandes et riches.

Mais, la nuit venue, tandis que les hommes de Tristan le dépouillaient de ses vêtements, il advint qu'en retirant la manche trop étroite de son bliaut, ils enlevèrent et firent choir de son doigt son anneau de jaspe vert, l'anneau d'Iseut la Blonde. Il sonna clair sur les dalles. Tristan regarde et le voit. Alors, son ancien amour se réveille, Tristan connaît son forfait.

Il lui ressouvint du jour où Iseut la Blonde lui avait donné cet anneau. C'était dans la forêt où, pour lui, elle avait mené l'âpre vie.

Et, couché auprès de l'autre Iseut, il revit la hutte du Morois. Par quelle forsennerie avait-il en son cœur accusé son amie de trahison? Non, elle souffrait pour lui toute misère, et lui seul l'avait trahie. Mais il prenait aussi en compassion Iseut sa femme, la simple, la belle. Les deux Iseut l'avaient aimé à la male heure. A toutes les deux il avait menti sa foi.

Pourtant, Iseut aux Blanches Mains s'étonnait de l'entendre soupirer, étendu à ses côtés. Elle lui dit enfin, un peu honteuse :

« Cher seigneur, vous ai-je offensé en quelque chose? Pourquoi ne me donnez-vous pas un seul baiser? Dites-le moi, que je connaisse mon tort, et je vous en ferai belle amendise, si je puis.

— Amie, dit Tristan, ne vous courroucez pas, mais j'ai fait un vœu. Naguères, en un autre pays, j'ai combattu un dragon, et j'allais périr, quand je me suis souvenu de la Mère de Dieu : je lui ai promis que, délivré du monstre par sa courtoisie, si jamais je prenais femme, tout un an je m'abstiendrais de l'accoler et de l'embrasser...

— Or donc, dit Iseut aux Blanches Mains, je le souffrirai bonnement. »

Mais quand les servantes, au matin, lui ajustèrent la guimpe des femmes épousées, elle sourit tristement, et songea qu'elle n'avait guère droit à telle parure.

TRISTAN FOU

N sa chambre, à Tintagel, Iseut la Blonde soupire, à cause de Tristan qu'elle appelle. En lui est tout son désir, et depuis deux années elle ne sait rien de lui. Où est-il? en quel pays? vit-il seulement?

En sa chambre, Iseut la Blonde est assise, et fait un

triste lai d'amour. Elle dit comment
don Guron fut sur pris et tué pour
l'amour de la dame qu'il aimait sur
toute chose, et com ment par ruse le
comte donna le cœur de Guron à
manger à sa femme, et la douleur de
celle-ci. La reine chante doucement:
elle accorde sa voix à la harpe. Les
mains sont belles, le lai bon, le ton
bas, et douce la voix.
Or, survient Kariado, un riche
comte d'une île loin taine. Il était venu
à Tintagel pour offrir à la reine son
service, et plusieurs fois, depuis le départ
de Tristan, il l'avait requise d'amour.
Mais la reine rebu tait sa requête et
la tenait à folie. Il trouva Iseut, qui
faisait son lai. Il lui dit en riant:
« Dame, quel triste chant, triste
comme celui de l'or fraie! Ne dit-on pas
que l'orfraie chante pour annoncer la
mort? C'est ma mort qu'annonce votre
lai: car je meurs pour l'amour de vous!
— Soit, lui dit Iseut. Je veux bien

que mon chant signifie votre mort, car jamais vous n'êtes venu céans sans m'apporter telle nouvelle dont j'eusse deuil ou courroux. C'est vous qui toujours avez été orfraie ou chat-huant pour médire de Tristan. Aujourd'hui, quelle male nouvelle me direz-vous encore ? »

Kariado lui répondit :

« Vous êtes irritée, et je ne sais de quoi : mais bien fou qui s'émeut de vos dires ! Quoi qu'il advienne de la mort que m'annonce l'orfraie, voici donc la male nouvelle que vous porte le chat-huant : Tristan, votre ami, est perdu pour vous, dame Iseut. Il a pris femme en autre terre. Désormais, vous pourrez vous pourvoir ailleurs, car il dédaigne votre amour. Il a pris femme à grand honneur, Iseut aux Blanches Mains, la fille du duc de Bretagne. »

Kariado s'en va, courroucé. Iseut la Blonde baisse la tête et commence à pleurer.

Tristan longuement languit loin d'Iseut la Blonde ; puis un jour il songea qu'il voulait la revoir. Loin d'elle, il savait sa mort sûre et prochaine ; plutôt mourir d'un coup, que lentement, chaque jour. Qui vit à douleur est tel qu'un mort. Tristan désire la mort, il veut la mort : mais que la reine apprenne du moins qu'il a péri pour l'amour d'elle ; qu'elle l'apprenne, il mourra plus doucement.

Il partit de Carhaix sans avertir personne, ni ses parents, ni ses amis, ni même Kaherdin, son cher compagnon. Il partit misérablement vêtu, à pied : car nul ne prend garde aux pauvres truands qui cheminent sur les grandes routes. Il marcha tant qu'il atteignit le rivage de la mer.

Au port, une grande nef marchande appareillait : déjà les mariniers halaient la voile et levaient l'ancre pour cingler vers la haute mer.

« Dieu vous garde, seigneurs, et puissiez-vous naviguer heureusement. Vers quelle terre irez-vous ?

— Vers Tintagel.

— Vers Tintagel ! Ah ! seigneurs, emmenez-moi ! »

Il s'embarque. Un vent propice gonfle la voile, la nef court sur les vagues et tranche la mer profonde. Cinq nuits et cinq jours elle vogua droit vers la Cornouaille, et le sixième jour jeta l'ancre dans le port de Tintagel.

Au delà du port, le château se dressait sur la mer, bien clos de toutes parts : on n'y pouvait entrer que par une seule porte de fer, et deux prud'hommes la gardaient jour et nuit. Comment y pénétrer ?

Tristan descendit de la nef et s'assit sur le rivage. Il apprit d'un homme qui passait que Marc était au château et qu'il venait d'y tenir une grande cour.

« Mais où est Iseut la reine ? et Brangien, sa belle servante ?

— Elles sont aussi à Tintagel, et récemment je les ai vues : la reine semblait triste, comme à son ordinaire. »

Au nom d'Iseut, Tristan soupira et songea que, ni par ruse, ni par prouesse, il ne réussirait à revoir son amie : car le roi Marc le tuerait...

« Mais qu'importe qu'il me tue ? Iseut, ne dois-je pas mourir pour l'amour de vous ? Et que fais-je chaque jour, sinon mourir ? Mais vous pourtant, Iseut, si vous me saviez ici, daigneriez-vous seulement parler à votre ami ? ne me feriez-vous pas chasser par vos sergents ? Oui, je veux tenter une ruse... Je me déguiserai comme un fou, et cette folie sera grande sagesse. Tel me tiendra pour assoti qui, lui, sera moins sage que moi, tel me croira fou qui aura plus fou dans sa maison. »

Un pêcheur s'en venait, vêtu d'une gonelle de bure velue, à grand

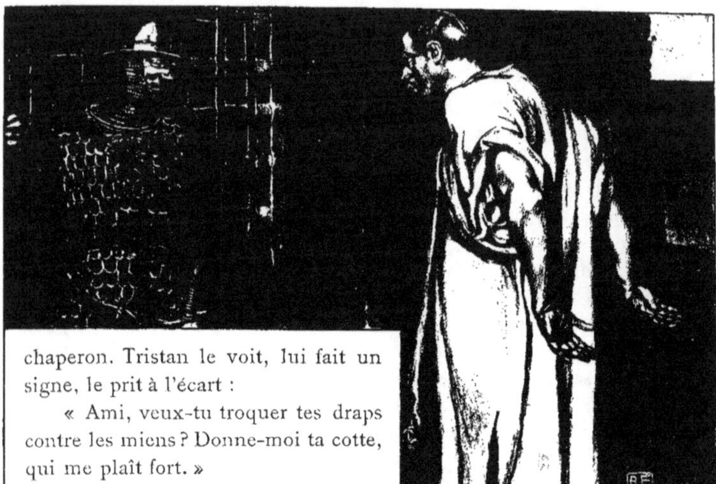

chaperon. Tristan le voit, lui fait un signe, le prit à l'écart :

« Ami, veux-tu troquer tes draps contre les miens ? Donne-moi ta cotte, qui me plaît fort. »

Le pêcheur regarda les vêtements de Tristan, les trouva meilleurs que les siens, les prit aussitôt et s'en alla bien vite, heureux de l'échange.

Alors Tristan tondit sa belle chevelure blonde, au ras de la tête, en y dessinant une croix. Il enduisit sa face d'une liqueur faite d'une herbe magique apportée de son pays, et aussitôt sa couleur et l'aspect de son visage muèrent si étrangement que nul homme au monde n'aurait pu le reconnaître. Il arracha d'une haie une pousse de châtaignier, s'en fit une massue, et la pendit à son cou ; les pieds nus, il marcha droit vers le château.

Le portier crut qu'assurément il était un fou, et lui dit :

« Approchez ; où donc êtes-vous resté si longtemps ? »

Le fou répondit :

« Aux noces de l'abbé du Mont, qui est de mes amis. Il a épousé une abbesse, une grosse dame voilée. De Besançon jusqu'au Mont, tous prêtres, abbés, moines et clercs ordonnés ont été mandés à ces épousailles : et tous sur la lande, portant bâtons et crosses, sautent, jouent et dansent à l'ombre des grands arbres. Mais je les ai quittés pour venir ici : car je dois aujourd'hui servir à la table du roi. »

Le portier lui répondit :

« Entrez donc, seigneur, fils d'Urgan le Velu ; vous êtes grand et velu comme lui, et vous ressemblez assez à votre père. »

Quand il entra dans le bourg, jouant de sa massue, valets et écuyers s'amassèrent sur son passage, le pourchassant comme un loup :

« Voyez le fol ! hu ! hu ! et hu ! »

Ils lui lancent des pierres, l'assaillent de leurs bâtons ; mais il leur tient tête en gambadant et se laisse faire : si on l'attaque à sa gauche, il se retourne et frappe à sa droite.

Au milieu des rires et des huées, traînant après lui la foule ameutée, il parvint au seuil de la salle où, sous le dais, aux côtés de la reine, le roi Marc était assis. Il approcha de la porte, pendit la massue à son cou, et entra. Le roi le vit, et dit :

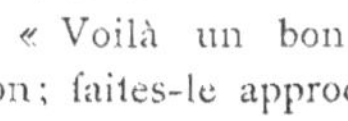

« Voilà un bon compagnon ; faites-le approcher. »

On l'amène, la massue au cou :

« Ami, soyez le bienvenu ; qu'êtes-vous venu quérir céans ?

— Iseut, que j'ai tant aimée. J'ai une sœur que je vous amène, la très belle Brunehaut. La reine vous ennuie, essayez de celle-ci ; faisons l'échange, je vous donne ma sœur, baillez-moi Iseut, je la prendrai et vous servirai par amour. »

Le roi s'en rit et dit au fou :

« Si je te donne la reine, qu'en voudras-tu faire ? où l'emmèneras-tu ?

— Là-haut, entre le ciel et la nue, dans ma belle maison de verre. Le soleil la traverse de ses rayons, les vents ne peuvent l'ébranler ; j'y porterai la reine en une chambre de cristal, toute fleurie de roses, toute lumineuse au matin quand le soleil la frappe. »

Le roi et ses barons rièrent et se dirent entre eux :

« Voilà un bon fou, habile en paroles ! »

Il s'était assis sur un tapis et regardait tendrement Iseut.

« Ami, lui dit Marc, d'où te vient l'espoir que ma dame prendra garde à un fou hideux comme toi ?

— Sire, j'y ai bien droit ; j'ai accompli pour elle maint travail, et c'est par elle que je suis devenu fou.

— Qui donc es-tu ?

— Je suis Tristan, celui qui a tant aimé la reine, et qui l'aimera jusqu'à la mort. »

A ce nom, Iseut soupira, changea de couleur, et courroucée lui dit :

« Qui t'a fait entrer céans ? Va-t'en, mauvais fou ! »

Le fou remarqua sa colère et dit :

« Reine Iseut, ne vous souvient-il pas du jour où, navré par l'épée empoisonnée du Morholt, emportant ma harpe sur la mer, j'ai été poussé vers vos rivages ? Votre mère m'a guéri. Ne vous en souvient-il plus, reine ? »

Iseut répondit :

« Va-t'en d'ici, fou ; ni tes jeux ne me plaisent, ni toi. »

Aussitôt le fou se retourna vers les barons, les chassa vers la porte en criant :

« Folles gens, hors d'ici ! Laissez-moi seul tenir conseil avec Iseut ; car je suis venu céans pour l'aimer. »

Le roi s'en rit, Iseut rougit :

« Sire, chassez ce fou ! »

Mais le fou dit en riant :

« Reine Iseut, ne vous souvient-il pas du grand dragon que j'ai occis en votre terre ? J'ai caché sa langue dans ma chausse, et, tout brûlé par son venin, je suis tombé près de la route. J'étais alors un merveilleux chevalier !... et j'attendais la mort, quand vous m'avez secouru. »

Iseut répond :

« Taisez-vous, vous faites injure aux chevaliers, car vous n'êtes qu'un fou de naissance. Maudits soient les mariniers qui vous ont apporté ici, au lieu de vous jeter dans la mer !

— Reine Iseut, ne vous souvient-il pas du bain où vous vouliez me tuer de mon épée ? et du conte du Cheveu d'or qui vous apaisa ? et comment je vous ai défendue contre le sénéchal couard ?

— Taisez-vous ! Pourquoi venez-vous ici débiter vos songeries ? Vous étiez ivre hier soir, sans doute, et l'ivresse vous a donné ces rêves !

— C'est vrai. Je suis ivre, et de telle boisson que jamais cette ivresse ne se dissipera. Reine Iseut, ne vous souvient-il pas de ce jour si beau, si chaud, sur la haute mer ? Vous aviez soif. Nous bûmes alors tous deux au même hanap. Depuis, j'ai toujours été ivre, et d'une mauvaise ivresse... »

Quand elle entendit ces paroles qu'elle seule pouvait comprendre, elle se leva et voulut s'en aller. Mais le roi la retint par sa chape d'hermine et la fit rasseoir à ses côtés.

Le roi, s'étant diverti du fou, demanda son destrier et ses faucons et emmena en chasse chevaliers et écuyers.

« Sire, lui dit Iseut, je me sens lasse et dolente. Permettez que j'aille reposer dans ma chambre ; je ne puis écouter plus longtemps ces folies. »

Elle se retira toute pensive en sa chambre, s'assit sur son lit et mena grand deuil :

« Chétive ! pourquoi suis-je née ? J'ai le cœur lourd et marri. Brangien, chère sœur, ma vie est si âpre et si dure, que mieux me vaudrait la mort ! Il y a là un fou, tondu en croix, venu céans à la male heure : ce fou est enchanteur ou devin, car il sait de point en point mon être et ma vie ; il sait des choses que nul ne sait hormis vous, moi et Tristan. »

Brangien répondit : « Ne serait-ce pas Tristan lui-même ?

— Non, car Tristan est beau et le meilleur des chevaliers ; mais cet homme est hideux et contrefait. Maudite soit l'heure où il est né, et maudite la nef qui l'apporta.

— Apaisez-vous, dame, dit Brangien. Vous savez trop bien aujourd'hui maudire et

excommunier. Mais peut-être cet homme serait-il le messager de Tristan ?

— Je ne sais pas, je ne l'ai pas reconnu. Mais allez le trouver, belle amie, parlez-lui, voyez si vous le reconnaîtrez. »

Brangien s'en alla vers la salle où le fou, assis sur un banc, était seul resté. Tristan la reconnut, laissa tomber sa massue et lui dit :

« Brangien, franche Brangien, je vous conjure par Dieu, ayez pitié de moi !

— Vilain fou, quel diable vous a enseigné mon nom ?

— Belle, dès longtemps je l'ai appris ! Par mon chef qui naguère fut blond, si la raison s'est enfuie de cette tête, c'est vous, belle, qui en êtes cause. N'est-ce pas vous qui deviez garder le breuvage que je bus sur la haute mer ? J'en bus à la grande chaleur, dans un hanap d'argent, et je le tendis à Iseut. Vous seule l'avez su, belle; ne vous en souvient-il plus?

— Non! » répondit Brangien, et, toute troublée, elle se rejeta vers la chambre d'Iseut, et le fou se précipita derrière elle, criant : « Pitié! »

Il entre, il voit Iseut, s'élance vers elle, les bras tendus, veut la serrer sur sa poitrine; mais, honteuse, mouillée d'une sueur d'angoisse, elle se rejette en arrière, s'esquive, et voyant qu'elle évite son approche, Tristan tremble de colère et se recule vers la paroi :

« Certes, j'ai vécu trop longtemps, puisque j'ai vu le jour où Iseut me repousse, ne daigne m'aimer, me tient pour vil! Ah! Iseut, qui bien aime tard oublie! Iseut, c'est une chose belle et précieuse qu'une source abondante qui s'épanche et court à flots larges et clairs; le jour où elle se dessèche, elle ne vaut plus rien : tel un amour qui tarit. »

Iseut répond :

« Frère, je vous regarde, je doute, je tremble, je ne sais, je ne reconnais pas Tristan.

— Reine Iseut, je suis Tristan, celui qui vous a tant aimée. Ne vous souvient-il pas du nain qui sema la farine entre nos lits? et du bond que je fis et du sang qui coula de ma blessure? Ne vous souvient-il pas de cet anneau reçu jadis avec des pleurs et des baisers au jour de la séparation ? Ce petit anneau de jaspe ne m'a guère quitté : souvent je lui ai demandé conseil dans mes tourments. »

Alors Iseut connut qu'il était Tristan :

« Malheureuse, s'écrie-t-elle, comment ton cœur ne se brise-t-il pas, du deuil d'avoir méconnu celui qui a tant souffert pour toi ! Pardon, sire, ami, je m'en repens. »

Elle tomba pâmée dans ses bras. Quand elle revint à elle, Tristan la tenait embrassée et baisait ses yeux et sa face. Il entra avec elle sous la courtine. Entre ses bras il tient la reine.

Mais, après quelques jours écoulés, deux chambrières soupçonnèrent la fraude ; elles avertirent Andret, qui aposta devant les chambres des femmes trois espions bien armés. Quand Tristan voulut franchir la porte :

« Arrière, fou, crièrent-ils.

— Et quoi ! beaux seigneurs, dit le fou, ne faut-il pas que j'aille ce soir embrasser la reine ? Ne savez-vous pas qu'elle m'aime et m'attend ? »

Il brandit sa massue ; ils eurent peur et le laissèrent entrer. Il prit Iseut entre ses bras :

« Amie, il me faut fuir, car bientôt je serai découvert. Il me faut fuir et jamais sans doute je ne reviendrai. Ma mort est prochaine : loin de vous, je mourrai de mon désir.

— Ami, ferme tes bras et accole-moi si étroitement que, dans cet embrassement, nos deux cœurs se rompent et nos âmes s'en aillent ! Emmène-moi au Pays Fortuné dont tu parlais jadis ; au pays dont nul ne retourne, où des musiciens insignes chantent des chants sans fin. Emmène-moi !

— Oui, je t'emmènerai au Pays Fortuné des Vivants. Le temps approche : n'avons-nous pas bu déjà toute misère et toute joie ? Le temps approche ; quand il sera tout accompli, si je t'appelle, amie, viendras-tu ?

— Ami, appelle-moi ! tu le sais que je viendrai !

— Amie ! que Dieu t'en récompense ! »

Lorsqu'il franchit le seuil, les espions se jetèrent contre lui. Mais le fou éclata de rire, fit tourner sa massue, et dit :

« Vous me chassez, beaux seigneurs ; à quoi bon ? Je n'ai plus que faire céans, puisque ma dame m'envoie au loin préparer la maison claire que je lui ai promise, la maison de cristal, fleurie de roses, lumineuses au matin quand reluit le soleil !

— Va-t'en donc, fou, à la male heure ! » Les valets s'écartèrent, et le fou, sans se hâter, s'en fut en dansant.

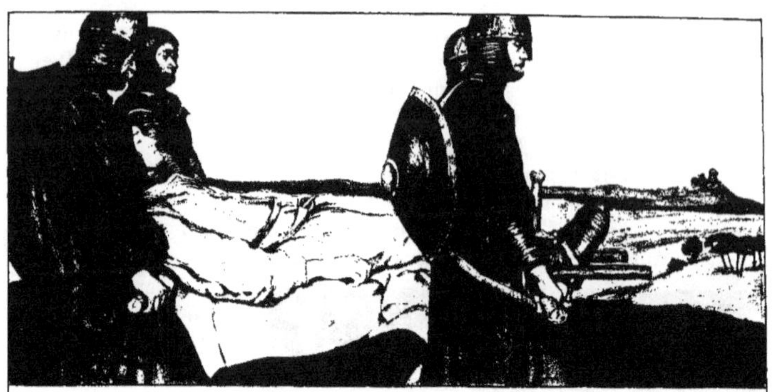

LA MORT

UAND il fut de retour en Petite-Bretagne, à Carhaix, il advint que Tristan, pour porter aide à son cher compagnon Kaherdin, tomba dans une embuscade, et fut blessé d'un coup de lance empoisonnée.

Les médecins vinrent en nombre, mais nul ne sut le guérir du venin ; vainement ils battent et broyent leurs racines, cueillent des herbes, composent des breuvages : Tristan ne fait qu'empirer, il blêmit et ses os commencent à se découvrir.

Il sentit alors que sa vie se perdait, il comprit qu'il fallait mourir. Alors, il voulut revoir Iseut la Blonde. Mais comment aller vers elle ? Il est si faible que la mer le tuerait ; et si même il parvenait en Cornouaille, comment y échapper à ses ennemis ? Iseut non plus ne peut venir à lui. Il se lamente, le venin l'angoisse, il attend la mort.

Il manda Kaherdin en secret pour lui découvrir sa douleur, car tous deux s'aimaient de loyal amour. Il voulut que personne ne restât dans sa chambre, hormis Kaherdin, et même que nul ne se tînt dans les salles voisines. Iseut, sa femme, s'émerveilla en son cœur de cette étrange volonté. Elle en fut tout effrayée, et voulut entendre l'entretien. Elle vint s'appuyer en dehors de la chambre, contre la paroi qui touchait au lit de Tristan. Elle écoute ; un de ses fidèles, pour que nul ne la surprenne, guette au dehors.

Tristan rassemble ses forces, se redresse, s'appuye contre la muraille. Kaherdin s'assied près de lui, et tous deux pleurent ensemble, tendrement. Ils pleurent leur bon compagnonnage d'armes, si tôt rompu, leur grande amitié et leurs amours; et l'un se lamente sur l'autre. Et Tristan dévoile alors à Kaherdin son amour pour Iseut la Blonde et la misère de sa vie.

« Beau et doux ami, lui dit Tristan, je suis sur une terre étrangère, où je n'ai ni parent, ni ami, vous seul excepté : vous seul m'avez donné, en cette contrée, joie et réconfort. Je perds ma vie, je voudrais revoir Iseut la Blonde. Mais comment, par quelle ruse lui faire connaître mon besoin ? Ah ! si je savais un messager qui voulût aller vers elle, elle viendrait ici, tant elle m'aime! Kaherdin, beau compagnon, par notre amitié, je vous en requiers : tentez cette aventure pour moi, et si vous emportez mon message, je deviendrai votre homme lige et je vous aimerai pardessus les autres hommes. »

Kaherdin voit Tristan pleurer, se déconforter, se plaindre, son cœur s'amollit de tendresse ; il répond doucement, par amour :

« Beau compagnon, ne pleurez plus; je ferai tout votre désir. Certes, ami, pour l'amour de vous je me mettrais en aventure de mort. Nulle détresse, nulle angoisse ne m'empêchera de faire selon mon pouvoir. Dites ce que vous voulez lui mander, et je fais mes apprêts. »

Tristan répondit :

« Ami, soyez remercié ! Or, écoutez ma prière. Prenez cet anneau : c'est une enseigne entre nous. Et quand vous arriverez en sa terre, faites-vous passer à la cour pour un marchand. Présentez-lui des étoffes de soie, faites qu'elle voie cet anneau : aussitôt elle cherchera une ruse pour vous parler en secret. Alors dites-lui que mon cœur la salue; que, seule, elle peut me porter réconfort ; dites-lui que, si elle ne vient pas, je meurs à grand deuil. Dites-lui qu'il lui souvienne de nos plaisirs passés, et des grandes peines, et des grandes tristesses, et des joies et des douceurs de notre amour loyal et tendre; qu'il lui souvienne du breuvage que nous bûmes ensemble sur la mer : ah ! c'est notre mort que nous y avons bue !

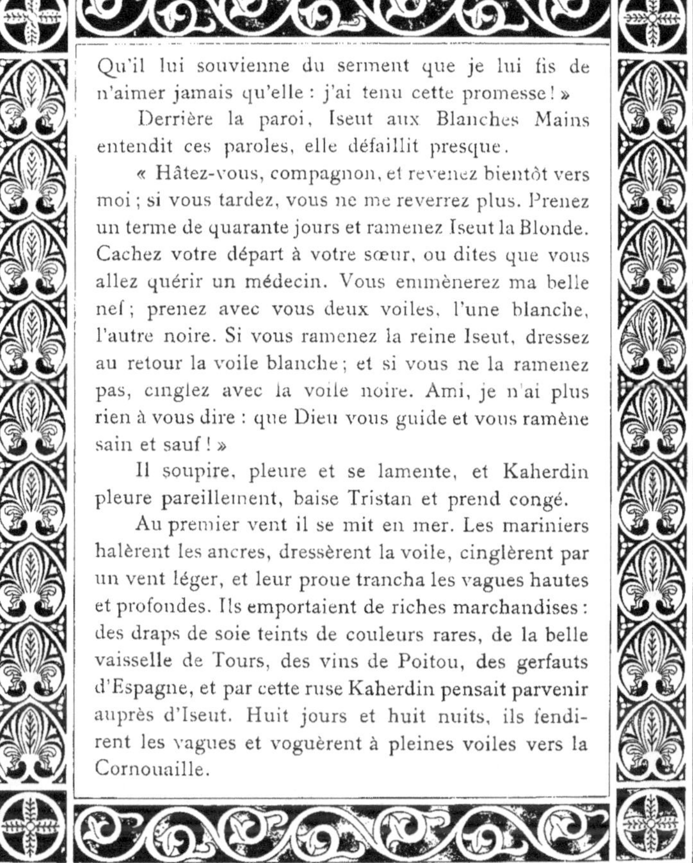

Qu'il lui souvienne du serment que je lui fis de n'aimer jamais qu'elle : j'ai tenu cette promesse ! »

Derrière la paroi, Iseut aux Blanches Mains entendit ces paroles, elle défaillit presque.

« Hâtez-vous, compagnon, et revenez bientôt vers moi ; si vous tardez, vous ne me reverrez plus. Prenez un terme de quarante jours et ramenez Iseut la Blonde. Cachez votre départ à votre sœur, ou dites que vous allez quérir un médecin. Vous emmènerez ma belle nef ; prenez avec vous deux voiles, l'une blanche, l'autre noire. Si vous ramenez la reine Iseut, dressez au retour la voile blanche ; et si vous ne la ramenez pas, cinglez avec la voile noire. Ami, je n'ai plus rien à vous dire : que Dieu vous guide et vous ramène sain et sauf ! »

Il soupire, pleure et se lamente, et Kaherdin pleure pareillement, baise Tristan et prend congé.

Au premier vent il se mit en mer. Les mariniers halèrent les ancres, dressèrent la voile, cinglèrent par un vent léger, et leur proue trancha les vagues hautes et profondes. Ils emportaient de riches marchandises : des draps de soie teints de couleurs rares, de la belle vaisselle de Tours, des vins de Poitou, des gerfauts d'Espagne, et par cette ruse Kaherdin pensait parvenir auprès d'Iseut. Huit jours et huit nuits, ils fendirent les vagues et voguèrent à pleines voiles vers la Cornouaille.

Colère de femme est chose redoutable, et que chacun s'en garde ! Là où elle aura le plus aimé, là aussi elle se vengera le plus cruellement. Leur amour vient vite, et vite vient leur haine; et leur inimitié, une fois venue, dure plus que l'amitié. Elles savent tempérer l'amour, mais non la haine. Debout contre la paroi, Iseut aux Blanches Mains avait entendu chaque parole. Elle avait tant aimé Tristan !... elle connaissait enfin son amour pour une autre. Elle retint les choses entendues : si elle le peut un jour, comme elle se vengera sur ce qu'elle aime le plus au monde ! Pourtant, elle n'en fit nul semblant, et dès qu'on rouvrit les portes, elle entra dans la chambre de Tristan, et, cachant son courroux, continua de le servir et de lui faire belle chère, ainsi qu'il sied à une amante. Elle lui parlait doucement, le baisait sur les lèvres, et lui demandait si Kaherdin reviendrait bientôt avec le médecin qui devait le guérir... Mais toujours elle cherchait sa vengeance.

Kaherdin ne cessa de naviguer, tant qu'il jeta l'ancre dans le port de Tintagel. Il prit sur son poing un grand autour, un drap de couleur rare, une coupe bien ouvrée et ciselée : il en fit présent au roi Marc et lui demanda courtoisement sa sauvegarde et sa paix, afin qu'il pût trafiquer en sa terre, sans craindre nul dommage de chambellan ni de vicomte. Et le roi le lui octroya devant tous les hommes de son palais.

Alors, Kaherdin offrit à la reine un fermail ouvré d'or fin :

« Reine, dit-il, l'or en est bon » et, retirant de son doigt l'anneau

de Tristan, il le mit à côté du joyau. « Voyez, reine, l'or de ce fermail est plus riche, et pourtant l'or de cet anneau a bien son prix. »

Quand Iseut reconnut l'anneau de jaspe vert, son cœur frémit et sa couleur mua, et redoutant ce qu'elle allait ouïr, elle attira Kaherdin à l'écart, près d'une croisée, comme pour mieux voir et marchander l'anneau. Kaherdin lui dit alors rapidement :

« Dame, Tristan est blessé d'une épée empoisonnée et va mourir. Il vous mande que, seule, vous pouvez lui porter réconfort. Il vous rappelle les grandes peines et les douleurs subies ensemble. Gardez cet anneau, il vous le donne. »

Iseut répondit, défaillante :

« Ami, je vous suivrai. Demain, au matin, que votre nef soit prête à appareiller. »

Le lendemain, au matin, l'ancre était relevée, le mât dressé, la voile tendue. La nef vogua joyeusement hors du port.

A Carhaix, Tristan languit. Il convoite la venue d'Iseut. Rien ne le conforte plus et, s'il vit encore, c'est qu'il l'attend. Chaque jour, il envoyait au rivage guetter si la nef revenait, et la couleur de sa voile ; nul autre désir ne lui tenait plus au cœur. Bientôt il se fit porter sur la falaise de Penmarch, et si longtemps que le soleil se tenait encore à l'horizon, il regardait au loin la mer.

Écoutez, seigneurs, une aventure douloureuse, pitoyable à tous ceux qui aiment. Déjà Iseut approchait; déjà la falaise de Penmarch surgissait au loin, et la nef cinglait plus joyeuse. Un vent d'orage grandit tout à coup, frappa droit contre la voile et fit tourner la nef sur elle-même. Les mariniers courent au lof, et contre leur gré virent vent arrière. Le vent fait rage, les vagues profondes s'émeuvent, l'air s'épaissit en ténèbres, la mer noircit, la pluie s'abat en rafales. Haubans et boulines se rompent, les mariniers baissent la voile et louvoient au gré de l'onde et du vent; ils avaient, pour leur malheur, oublié de hisser à bord la barque amarrée à la poupe et qui suivait le sillage de la nef. Une vague la brise et l'emporte.

Iseut s'écrie : « Hélas ! chétive ! Dieu ne veut pas que je vive assez pour voir Tristan, mon ami, une fois encore, une fois seulement; il veut que je sois noyée en cette mer. Tristan, si je vous avais parlé une fois encore, je me soucierais peu de mourir après. Ami, si je ne viens pas jusqu'à vous, c'est que Dieu ne veut pas, et c'est là ma pire douleur. »

Ainsi gémit la reine, tant que dura la tourmente. Mais après cinq jours, l'orage s'apaisa. Au plus haut du mât Kaherdin hissa joyeusement la voile blanche, afin que Tristan reconnût de plus loin sa couleur. Déjà Kaherdin voit la Bretagne. Hélas! presque aussitôt le calme suivit la tempête, la mer devint douce et toute plate, le vent cessa de gonfler la voile, et les mariniers louvoyèrent vainement en amont et en aval, en avant et en arrière. Au loin ils apercevaient la côte, mais la tempête avait emporté leur barque, en sorte qu'ils ne pouvaient atterrir. A la troisième nuit, Iseut songea qu'elle tenait en son giron la tête d'un grand sanglier qui honnissait sa robe de sang, et connut par là qu'elle ne reverrait pas son ami vivant.

Tristan était trop faible désormais pour veiller encore sur la falaise de Penmarch, et depuis de longs jours, enfermé loin du rivage, il pleurait pour Iseut qui ne venait pas. Dolent et las, il se plaint, soupire, s'agite; peu s'en faut qu'il ne meure de son désir.

Enfin, le vent fraîchit et la voile blanche apparut. Alors, Iseut aux Blanches Mains se vengea.

Elle vient vers le lit de Tristan et dit :

« Ami, Kaherdin arrive. J'ai vu sa nef en mer : elle avance à grand'peine; pourtant je l'ai reconnue ; puisse-t-il apporter ce qui doit vous guérir ! »

Tristan tressaille :

« Amie belle, vous êtes sûre que c'est sa nef? Or, dites-moi comment est la voile.

— Je l'ai bien vue, ils l'ont ouverte et dressée très haut, car ils ont peu de vent. Sachez qu'elle est toute noire. »

Tristan se tourna vers la muraille, et dit :

« Je ne puis retenir ma vie plus longtemps. » Il dit trois fois : « Iseut, amie ! » A la quatrième, il rendit l'âme.

Alors, par la maison, pleurèrent les chevaliers, les compagnons de Tristan. Ils l'ôtèrent de son lit, l'étendirent sur un riche tapis et recouvrirent son corps d'un linceul.

Sur la mer, le vent s'était levé et frappait la voile en plein milieu. Il poussa la nef jusqu'à la terre. Iseut la Blonde débarqua.

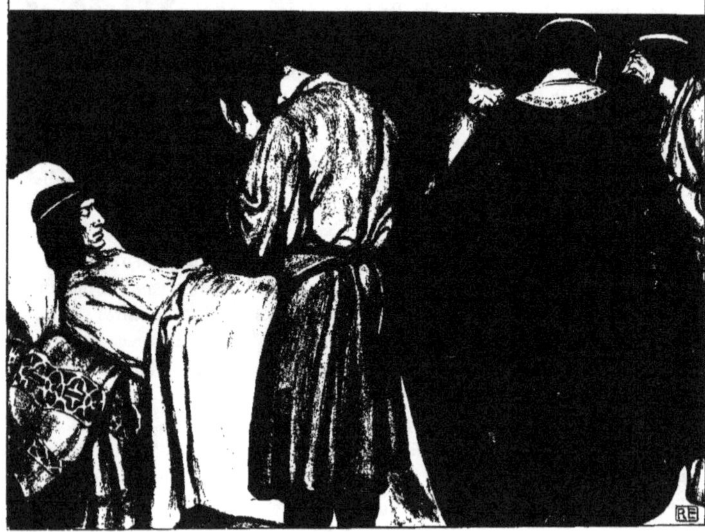

Elle entendit de grandes plaintes par les rues, et les cloches sonner aux moutiers, aux chapelles. Elle demande aux gens du pays pourquoi ces glas, pourquoi ces pleurs.

Un vieillard lui dit : « Dame, nous avons une grande douleur. Tristan, le franc, le preux, est mort. Il était large aux besoigneux, secourable aux souffrants. C'est le pire désastre qui soit jamais tombé sur ce pays. »

Iseut l'entend, elle ne peut dire une parole. Elle monte vers le palais. Elle suit la rue, sa guimpe déliée. Les Bretons s'émerveillaient à la regarder; jamais ils n'avaient vu femme d'une telle beauté. Qui est-elle? d'où vient-elle?

Auprès de Tristan, Iseut aux Blanches Mains, affolée par le mal qu'elle avait causé, poussait de grands cris sur le cadavre. L'autre Iseut entra et lui dit :

« Dame, relevez-vous et laissez-moi approcher. J'ai plus de droits à le pleurer que vous, croyez-m'en. Je l'ai plus aimé. »

Elle se tourna vers l'Orient et pria Dieu. Puis elle découvrit un peu le corps, s'étendit près de lui, tout le long de son ami, lui baisa la bouche et la face et le serra étroitement : corps contre corps, bouche contre bouche, elle rend ainsi son âme, elle meurt auprès de lui pour la douleur de son ami.

Quand le roi Marc apprit la mort des amants, il franchit la mer et, venu en Bretagne, fit ouvrer deux cercueils, l'un de chalcédoine pour Iseut, l'autre de béryl pour Tristan. Il emporta sur sa nef vers Tintagel leurs corps aimés. Auprès d'une chapelle, à gauche et à droite de

l'abside, il les ensevelit en deux tombeaux. Mais, pendant la nuit, de la tombe de Tristan jaillit une ronce verte et feuillue, aux forts rameaux, aux fleurs odorantes, qui, s'élevant par-dessus la chapelle, s'enfonça dans la tombe d'Iseut. Par trois fois, les gens du pays coupèrent la ronce; mais au lendemain elle renaissait, aussi verte, aussi fleurie, aussi vivace. Ils rapportèrent la merveille au roi Marc : le roi défendit de couper la ronce désormais.

Seigneurs, les bons trouvères d'antan, Béroul, Thomas de Bretagne, et monseigneur Eilhart et maître Gottfried, ont conté ce conte pour tous ceux qui aiment, non pour les autres. Ils vous mandent par moi leur salut. Ils saluent ceux qui sont pensifs et ceux qui sont heureux, les mécontents et les désireux, ceux qui sont joyeux et ceux qui sont troublés, tous les amants. Puissent-ils trouver ici consolation contre l'inconstance, contre l'injustice, contre le dépit, contre la peine, contre tous les maux d'amour!

COLLABORATEURS

LES ILLUSTRATIONS,
LA COUVERTURE, LES LETTRES ORNÉES, LES FLEURONS
ET LES CULS-DE-LAMPE ONT ÉTÉ COMPOSÉS PAR
ROBERT ENGELS

LE PAPIER VÉLIN A LA FORME A ÉTÉ FABRIQUÉ
PAR
LES PAPETERIES D'ARCHES

LA COMPOSITION TYPOGRAPHIQUE
A ÉTÉ FAITE EN CARACTÈRES ELZÉVIR ANGLAIS DE
LA FONDERIE HENRI CHAIX ET Cie

IL A ÉTÉ TIRÉ

DE CET OUVRAGE

300 EXEMPLAIRES NUMÉROTÉS

A SAVOIR :

10 exemplaires (numérotés de 1 à 10) sur japon, contenant : Une aquarelle originale; une suite en couleurs sur japon; une suite en noir sur chine et une suite des planches rayées.

10 exemplaires (11 à 20) sur grand vélin d'Arches «Spécial», contenant une suite en couleurs sur japon et une suite en noir sur chine.

25 exemplaires (21 à 45) sur japon, avec une suite sur chine.

25 exemplaires (46 à 70) sur grand vélin d'Arches « Spécial », avec une suite en noir sur chine.

230 exemplaires (71 à 300) sur papier vélin des Vosges à la cuve, fabriqué spécialement.

ACHEVÉ D'IMPRIMER

A PARIS

LE 17 JUILLET 1900

PENSE ET LIS

www.ingramcontent.com/pod-product-compliance
Lightning Source LLC
LaVergne TN
LVHW012004220826
846092LV00001B/234